AF297423

LES GREFFIERS

DE

L'ÉCHEVINAGE DE SAINT-OMER

1311 A 1790

LE GREFFIER CIVIL OU PRINCIPAL

LE GREFFIER CRIMINEL ET DE POLICE

Par M. PAGART D'HERMANSART

Correspondant honoraire du Ministère de l'Instruction publique,
membre de la Société des Antiquaires de la Morinie, associé
correspondant national de la Société des Antiquaires de
France, de la Société des Études historiques de Paris et
de diverses autres Sociétés savantes françaises et étrangères.

SAINT-OMER

IMPRIMERIE ET LITHOGRAPHIE H. D'HOMONT

14, rue des Clouteries, 14

1901

Couverture inférieure manquante

St Omer le 18 mar. 1901.

Monsieur le Président,

Vous recevrez par l'intermédiaire
du Ministère ma nouvelle brochure
: le Greffier de l'échevinage de St Omer
1311 - 1790 . dont j'ai l'honneur
de vous prier d'accepter l'hommage.

J'explique dans la Préface
qu'elle est la suite nécessaire de
travaux antérieurs. Je donne
dans les Attributions des détails sur
les registres où j'ai déjà puisé
pour le Comité des Travaux historiques,
et j'ai ajouté comme Annexes :
un État des registres tenus

autorisés par les greffiers existant
encore, soit dans les archives de
S.t Omer, soit dans celles du
département du Pas-de-Calais (La
ville s'étant laissé dépouiller
en 1889 d'une partie de ses
propres archives). Ce document
pourra aider les travailleurs
en attendant qu'un archiviste
puisse procéder à un inventaire
complet des archives locales.

Veuillez agréer, Monsieur
le Président, l'expression de
ma haute et respectueuse considération

en même temps que celle
de mes sentiments dévoués
et reconnaissants
Pagart d'Hermansart

Il y a aussi un exemplaire
pour le Comité, et un pour
la Bibliothèque nationale

LES GREFFIERS

DE

L'ÉCHEVINAGE DE SAINT-OMER

1311 A 1790

LE GREFFIER CIVIL OU PRINCIPAL

LE GREFFIER CRIMINEL ET DE POLICE

Extrait du tome XXVII des Mémoires de la Société des Antiquaires de la Morinie.

LES GREFFIERS

DE

L'ÉCHEVINAGE DE SAINT-OMER

1311 A 1790

LE GREFFIER CIVIL OU PRINCIPAL

LE GREFFIER CRIMINEL ET DE POLICE

PAR M. PAGART D'HERMANSART

Correspondant honoraire du Ministère de l'Instruction publique,
membre de la Société des Antiquaires de la Morinie, associé
correspondant national de la Société des Antiquaires de
France, de la Société des Études historiques de Paris et
de diverses autres Sociétés savantes françaises et étrangères.

SAINT-OMER

IMPRIMERIE ET LITHOGRAPHIE H. D'HOMONT

14, rue des Clouteries, 14

1901

PRÉFACE

Les derniers officiers du bureau de l'hôtel de
ville de Saint-Omer étaient les deux greffiers : le
greffier civil et le greffier criminel. Leurs fonctions ne présentent pas un aussi grand intérêt
que celles des conseillers pensionnaires et du
procureur de ville [1], mais il était indispensable,
pour compléter les renseignements que nous
avons entrepris de donner sur les agents de
l'ancienne administration municipale, de ne né-
gliger aucun des principaux membres du personnel qui y était attaché. Et certes les greffiers
en étaient un des rouages nécessaires ; de plus
leur situation était bien plus importante que celle
des greffiers des tribunaux d'aujourd'hui parce
qu'à leurs attributions judiciaires, ils joignaient
diverses autres fonctions. Le greffier civil notamment était en même temps secrétaire de l'échevinage, et il avait à s'occuper par cela même d'affai-

1. Voir nos brochures, Saint-Omer D'Homont, 1893 et 1894.

res extrêmement variées et étendues. Aussi, comme ses fonctions judiciaires étaient les mêmes dans beaucoup d'autres villes anciennes, nous ne les avons pas étudiées dans tous leurs détails, nous avons préféré signaler surtout son rôle comme secrétaire. Nous avons donné aussi sur les archives dont les greffiers avaient la garde, le plus de renseignements possibles, complétant sur ce point la notice sommaire donnée en 1868 par M. Giry[1]. Tenant compte de la critique que la *Bibliothèque de l'Ecole des Chartes* a faite à propos de la division de notre travail sur les *Procureurs de ville*[2], nous avons, pour les greffiers, traité d'abord de leur recrutement, de leur serment, de leurs gages, etc., puis ensuite de leurs attributions.

L'étude des fonctions des cinq officiers de ville attachés à l'administration municipale et ayant voix consultative dans les assemblées générales de l'échevinage est ainsi achevée. Notre intention n'est point de nous borner à ces travaux, et nous préparons sur les *rentiers* et les *argentiers* une notice qui nous paraît le complément indispensable de nos précédentes études.

1. *Notice sur les Archives communales anciennes de la ville de Saint-Omer (Bibliothèque de l'Ecole des Chartes*, 29e année, 6e série, t. IV, 1re livraison 1868, p. 169 à 180).

2. *Bibliothèque de l'Ecole des Chartes*, t. LV, 3e et 4e livraisons, mai-août 1894.

LES GREFFIERS DE L'ÉCHEVINAGE

DE SAINT-OMER

1311 A 1790

LE GREFFIER CIVIL OU PRINCIPAL
LE GREFFIER CRIMINEL ET DE POLICE

AVANT-PROPOS

CRÉATION DES GREFFIERS

Le clerc secrétaire de la ville. — Un clerc ecclésiastique ne peut exercer les fonctions criminelles. — Division des fonctions : le greffier civil, le greffier criminel.

Outre les deux conseillers pensionnaires et le procureur de ville, il y avait encore à l'échevinage de Saint-Omer deux autres officiers du bureau de l'hôtel de ville, c'étaient les deux greffiers : le greffier civil ou principal et le greffier criminel.

« Dès le XIIIe siècle, dit M. Pirenne traitant de

l'origine des constitutions urbaines au moyen âge,
« par suite de la complication de plus en plus grande
« des affaires, on se voit forcé de recourir à de
« véritables fonctionnaires municipaux salariés,
« nommés par le Conseil et en général institués à
« vie. Parmi eux le plus important est le secrétaire
« ou clerc de la commune chargé de tenir par écrit
« les comptes de la ville, de rédiger sa correspon-
« dance, etc. »[1].

A Saint-Omer, on l'appela primitivement clerc de
la ville et de préférence secrétaire de la ville[2].

Il n'y eut probablement à l'origine qu'un seul clerc
et nous ne savons pas quand ses fonctions furent
divisées. La multiplicité des affaires put motiver
cette mesure à une certaine époque, mais on peut
penser aussi que lorsque l'échevinage, ayant besoin
de personnes instruites, choisit des ecclésiastiques
pour remplir cette charge, ceux-ci ne purent l'ac-

1. *Revue historiqne*, t. LVII, p. 317.
2. L'analyse sur la *Table alphabétique des Délibérations du
Magistrat*, aux archives municipales, du registre A perdu, ne mentionne qu'en 1416 le secrétaire et clerc principal de la ville ou sim-
plement le clerc de la ville. Cela tient à ce que les registres aux
délibérations régulièrement tenus ne remontaient pas plus haut,
mais ce fonctionnaire municipal existait longtemps auparavant.

En France, dans les anciennes ordonnances, on voit des *scriboe,*
des notaires, puis des clercs exerçant les fonctions de greffier. Une
ordonnance de Louis IX en 1256 touchant l'élection des maires dans
les bonnes villes de Normandie mentionne le *clerc* ou greffier de la
ville « clericum villæ » *(Ordonnances des Rois de France*, t. 1, p. 83).
Dans des lettres royales de 1335 confirmant des règlements faits par
des commissaires touchant l'élection du capitoul de Toulouse, on
trouve « duo notarii clerici ». Un édit du roi Charles VIII de l'an
1485, touchant le Châtelet de Paris, désigne encore les greffiers sous
le nom de *clercs* et il n'y avait à cette époque que le clerc du parlement qui portât le titre de greffier; un arrêt de 1404 avait même
défendu à tous les clercs indistinctement, sauf à celui du parlement
de Paris, de prendre cette qualité.

cepter qu'à la condition de ne point enregistrer de délibérations relatives aux affaires criminelles, et que dès lors la nécessité s'imposa d'avoir deux greffiers : l'un civil, l'autre criminel. C'est ainsi que nous voyons le 24 août 1361, Jehan d'Esquerdes, clerc et notaire de l'église de St Aumer, « retenu à « le pension et au Conseil de le ville pour exercer « l'office de clerg »[1] déclarer en son serment qu' « il ne porroit ne vaurait estre à nul cas cri- « minel ne présent là où on y en jugeroit, ne escrire « lettres ne responses touchans sanc, ne là où seroit « mandement ou deffense sour paine capitale... »[2]

Quoiqu'il en soit, on ne voit plus tard dans le compte de la ville de 1413-1414 qu'un seul clerc, Jacquemart Coppin, et il semble que ce ne soit qu'à partir de 1415 que commence la série des greffiers criminels ou du crime, distincts des greffiers civils qui un siècle après se qualifient de greffiers prin-cipaux.

Au surplus, dans différentes villes de Flandre ou distinguait aussi ces deux officiers[3]. En France une ordonnance de Charles VII du 19 octobre 1439 les mentionne comme existants au Châtelet, et il en est de même dans celle de Charles VIII que nous avons déjà citée, en date d'octobre 1485, relative aux fonctions et privilèges des examinateurs et des clercs civils et criminels de la Prevosté de Paris[4].

1. *Pièce justificative* I.
2. *Pièce justificative* II.
3. Notamment à Bruges *(Archives de Bruges,* par Gilliot van Seve-ren — tables).
4. *Ordonnances des Rois de France,* t. XIV, p. 481 et XIX, p. 596.

LIVRE I

LE GREFFIER PRINCIPAL

CHAPITRE 1

*Recrutement, élection, nomination, vénalité des charges.
— Incompatibilité. — Résidence, âge, amovibilité.
— Banquet. — Cautionnement. — Gages. —
Robes. — Serment, rang et préséance.*

Lo secrétaire de la ville est dénommé, en 1374,
« souverain clercs procureurs de la ville »[1]. Mais
en général on lui conserva jusqu'au milieu du
xve siècle son titre de secrétaire[2]. Plus tard il prit
celui de clerc principal et plus fréquemment encore
on l'appela clerc du secret[3]. En 1443 l'un d'eux fut
qualifié du titre de greffier, mais il ne porta définivement ce nom qu'à partir de 1516.

1. Glry, *Mém. des Antiq. de la Morinie*, t. XV, p. 267. Jehan d'Esquerdes que nous avons cité ci-dessus, p. 9.

2. Comptes de la ville.

3. Soit à cause de la discrétion qui était une des obligations les
plus importantes de sa charge, soit pour porter un titre semblable à
ceux des secrétaires du roi qui expédiaient les lettres scellées du
scel secret.

Les premiers clercs principaux furent choisis dans les meilleures familles de la ville, parmi les clercs ecclésiastiques ou les bourgeois instruits ayant déjà exercé des fonctions attestant leur capacité [1]. Il fallait aussi des hommes sérieux et sûrs, car ces fonctions les mettaient à même de connaître tous les actes de l'échevinage, et, à une époque où les Conseils de ville ne discutaient pas seulement les intérêts locaux, mais étaient les chefs de petites républiques jouissant d'une certaine indépendance, ayant au dehors leurs ambassadeurs en leurs conseillers pensionnaires, et traitant directement avec les princes ou avec leurs Conseils, avec les commandants d'armées ou les gouverneurs de la place, la moindre indiscrétion, maladresse ou imprudence du secrétaire du Magistrat pouvait compromettre le succès de certaines négociations. Nicaise Cuvelier et Philippe de Sus St Légier à la fin du xive et au commencement du xve siècle, avaient été procureurs de ville ; plusieurs furent licenciés ès lois, tel que Jehan de Brandt lorsqu'il fut réélu en 1579 ; et au xviie siècle on trouve aussi parmi eux plusieurs avocats, en 1724, 1749 et 1760.

Le clerc principal était élu dans une assemblée composée des trois corps du Magistrat, c'est-à-dire des échevins en exercice, de ceux de l'an passé ou jurés au Conseil et des dix jurés pour la communauté [2].

C'était un des privilèges de la ville de nommer cet officier comme ses autres agents, et elle le défendit

1. Voir plus loin les *Incompatibilités*.

2. Mathieu Duval fut cependant nommé le 15 janvier 1489 par messieurs des deux années seulement. On ne voit pas figurer les greffiers sur les anciens registres au renouvellement de la Loy, ce qui rend difficile l'établissement des listes de ces officiers à l'origine de leur création.

toujours contre ses souverains. En 1469, des officiers du duc de Bourgogne, comte d'Artois, ayant
obtenu le don du greffe principal et du greffe criminel ainsi que celui d'autres offices, vinrent en
prendre possession, accompagnés d'un héraut d'ar-
mes, mais le Magistrat forma opposition à ces nominations et fit porter l'affaire devant le Conseil du
prince où il eut gain de cause[1]. Un peu plus tard,
en 1488, Maximilien d'Autriche et son fils Philippe,
quatorzième comte d'Artois, disposèrent de l'office
de clerc principal pour récompenser les services
rendus par Jehan Fauquet, bourgeois de Saint-Omer,
lors de la reprise de la ville sur les Français qui
l'avaient surprise deux ans auparavant ; l'échevinage
protesta encore contre la nomination arbitraire des
princes, obtint la révocation de leurs lettres de pro-
visions[2] et messieurs des deux années élirent Mathieu
Duval le 15 janvier 1489 (v. s.).

Sous la domination française, l'édit d'août 1692
amena la réunion au domaine du roi des charges
municipales parmi lesquelles figurèrent celles des
greffes civil et criminel. On sait que la ville racheta
toutes ces charges[3]. La valeur du greffe civil fut

1. *Arch. de Saint-Omer. — Reg. aux Délibérations du Magistrat* B, 24 janvier 1469, f. 75 v°.

2. Comme compensation l'échevinage avait nommé Fauquet, greffier du crime ; celui-ci le refusa bien que le Magistrat lui eut fait
dire que ledit office « était la provision d'un homme de bien ». En
1492, Fauquet devint greffier des vierschaires et des orphelins, mais
il fut destitué en 1495. Nous avons raconté qu'en 1504 il se fit recom-
mander par le roi d'Espagne lui-même afin d'obtenir l'office de procureur de ville *(Les Procureurs de ville à Saint-Omer,* Saint-Omer
D'Homont, p. 63, note 2).

3. Pagart d'Hermansart. *Les anciennes Communautés d'Arts et
Métiers à Saint-Omer,* t. I, p. 56.

estimée 17.500 livres. La ville se procura cette somme en nommant en 1693 greffier Guillaume-François Le Coigne pour exercer sa vie durant, avec l'obligation de la lui prêter ; il fut stipulé à son profit un intérêt au denier vingt jusqu'au remboursement. Il s'engagea à verser comptant 8.000 livres deux mois après l'arrêt à intervenir autorisant la réunion des offices à la ville, 5.750 trois mois après le premier paiement et les 3.750 livres restant six mois après. Des lettres patentes du 17 août et 15 décembre 1694 ratifièrent ces conventions.

A partir du règne des intendants, le choix du greffier civil dut être approuvé par ces hauts fonctionnaires.

L'édit d'août 1764, daté de Compiègne, rendit aux habitants de la province d'Artois le droit d'élection [1], mais il n'y eut plus alors qu'un seul secrétaire pour les greffes civil, criminel et de police. Le titulaire du greffe civil Pierre-Jacques Gaillon dut se retirer et ce fut l'assemblée des notables du 8 novembre suivant qui investit des offices réunis le sieur Jacques-Joseph Dufour.

Les articles 3 et 17 de l'édit de mai 1765, contenant règlement pour l'exécution de l'édit précédent, portaient que le greffier ne pourrait exercer ses fonctions que pendant trois ans. Le 31 octobre 1768 une assemblée de notables, tenue en vertu d'un arrêt du Conseil du 15 juillet 1768 qui avait réglé provisionnellement la constitution municipale des villes

---

1. Nous avons expliqué dans *Les anciennes Communautés d'Arts et-Métiers à Saint-Omer*, t. I, p. 57 et suivantes, et dans l'*Histoire du Bailliage de Saint-Omer*, t. I, p. 281 et suivantes, les divers modes d'élection de l'échevinage et de ses officiers depuis 1764 jusqu'à la Révolution.

d'Artois, choisit pour secrétaire-greffier Pierre-Jacques Gaillon, avocat, qui fut élu pour trois ans. Cette assemblée demanda le rétablissement des trois greffes de la ville, principal, criminel et de police, et des orphelins. Le ministre autorisa ce retour à l'ancien état de choses ; en conséquence le 22 décembre il se tint une nouvelle réunion de notables et Pierre-Jacques Gaillon fut maintenu greffier principal.[1].

En 1773, un autre édit du mois de novembre attribua aux Etats d'Artois la nomination aux charges municipales. L'article 6 décida qu'il y aurait un secrétaire-greffier dans chaque ville ; l'office pouvait être aliéné par les Etats ou donné par eux en exercice pour trois ans (art. xx)[2] ; sous cette nouvelle législation, Pierre-Jacques Gaillon resta greffier principal et il était encore en exercice lors de la loi du 14 décembre 1789 qui supprima les municipalités existant dans le royaume.

Quelques-uns de ces greffiers avaient dû subir des conditions onéreuses pour obtenir leur nomination.

Les finances de la ville étaient souvent obérées. Quand elle ne trouvait plus de crédit, elle imposait aux candidats aux fonctions de membres du bureau le versement de sommes plus ou moins importantes. Bien qu'elle s'adressât plutôt à l'argentier, on voit cependant quelques greffiers obligés de lui avancer de l'argent. C'est ainsi que Charles Desmons, en 1636, dut donner à Robert Haverloix, greffier du crime, 150 florins chaque année à prendre sur les revenus.

1. *Archives de Saint-Omer.* — *Registre aux Délibérations des Notables* B.
2. Comme la charge de procureur syndic.

du greffe et qu'en 1724 Alexis-Joseph Le Coigne
fournit 750 livres « pour une cause pieuse »[1] ; nous
venons de voir que Guillaume Le Coigne aida aussi
la ville à racheter les offices réunis à la couronne.

On ne voit pas dans les anciens règlements que
des conditions d'âge aient été imposées au greffier
principal, mais l'art. xxiii de l'édit de 1773 stipula
que pour être investi de cette charge il fallait être
domicilié dans la ville depuis quatre ans et être âgé
de 25 ans.

Le greffier principal devait la nuit de l'Epiphanie
pendant laquelle on procédait aux élections écheyi-
nales, déposer les clefs du greffe sur le bureau de
la Chambre[2], les échevins pouvaient, si bon leur
semblait, le continuer dans ses fonctions, ce qui
arrivait le plus souvent, car l'échevinage était sou-
cieux d'avoir un greffier expérimenté et connaissant
les archives. Il était d'ailleurs révocable à volonté[3].
On n'a pas d'exemple de révocation du greffier pour
négligence dans ses fonctions, mais il en est un qui
fut victime des passions politiques. Il pouvait en
effet être utile à un parti d'avoir un greffier qui lui
fût dévoué. Aussi lorsque les troubles qui amenè-

1. Voir aussi plus loin les sommes payées par quelques nouveaux
titulaires pour être dispensés du banquet à donner aux membres du
Magistrat.

2. *Arch. de Saint-Omer. — Règlement de 1550*, reg. I, perdu. Table
alphabétique des Délibérations du Magistrat et Régl. du 20 mars 1585,
art. Reg. L, f. 143. — V. plus loin, chap. II, le rôle du greffier au
moment de l'élection annuelle du Magistrat.

8. *Arch. de Saint-Omer. — Reg. aux Délibérations du Magistrat* P,
f. 33, art. iv. Conditions imposées au greffier principal le 1ᵉʳ décembre 1614.

rent la séparation d'une partie des Pays-Bas de la monarchie espagnole se firent ressentir en Artois et jusqu'à Saint-Omer en 1578, les factieux désignés sous le nom de *sinoguets* du nom de leur chef, ou de *patriots,* et qui étaient partisans du prince d'Orange, imposèrent, lors de la réélection du Magistrat, la nomination de ceux de leur faction, et ne manquèrent pas de destituer le greffier Jean de Brandt ; ils l'arrêtèrent avec une partie des membres du Magistrat, qu'ils firent transporter à Arras pour y être jugés, et ils firent choix pour greffier de la ville de Louis Berniers, greffier du bailliage. Une sentence du Conseil d'Artois du 9 avril vint absoudre les prisonniers et les rendre à la liberté, sans les autoriser toutefois à rentrer dans leur ville. Mais les troubles s'apaisèrent dès la fin de l'année 1578, le 22 juin 1579 Jean de Brandt fut rétabli provisoirement dans ses fonctions et Louis Berniers fut à son tour emprisonné[1] par les ordres du nouvel échevinage régulièrement élu.

Le greffier pouvait démissionner. Jehan Darthé usa de ce droit en 1489, Jehan de Brandt quitta le

1. La table alphabétique des Archives municipales analysant une délibération portée sur le registre K, aujourd'hui perdu, porte :

« Alors le Magistrat appela le s^r de Brandt, licencié en droit, qui « était sorti de prison et lui déclara qu'il avait constitué prisonnier « Louis Bernier qui avait exercé à sa place et pendant sa détention « l'office de greffier principal de la ville, et pour un cas dont le « procès paraissait devoir être long, et il pria le s^r de Brandt « d'exercer son ancien office ; ce qu'il accepta sans préjudice au « procès qu'il avait par appel au Conseil d'Artois tant contre led. « Bernier que contre les échevins de l'an passé ».

Voir pour les événements de cette époque : Deschamps de Pas : *Troubles excités à Saint-Omer par les patriots en 1578 (Bulletin des Antiq. de la Morinie,* t. VII, p. 416 et suiv.) — Abbé Bled : *La Réforme en Artois (Mém. des Antiq. de la Morinie,* t. XXI, p. 224, 225, 229, 230, 234, 235, 238, 246, 249 et suiv.)

2

greffe pour devenir conseiller au bailliage en 1585[1].
Mathieu de Vargelot se retira en novembre 1614.
En 1705, Guillaume-François Le Coigne donna sa
démission en faveur de son frère Henri qui fut
nommé à sa place. Antoine-François Crépin fit de
même, en 1761, en faveur de son neveu Pierre-
Jacques Gaillon.

Bien que l'office de greffier fut amovible, le greffe
pouvait être concédé à titre de survivance : ainsi
lorsque Philippe de Sus-Saint-Légier, clerc principal
depuis 1415, devint infirme et malade, il pria l'échevinage de recevoir Robert Duval pour remplir ses
fonctions ; ce dernier les exerça en vertu d'une procuration du titulaire qui mourut en 1448, et Robert
Duval le remplaça immédiatement. Lorsque Charles
Desmons eut atteint en 1669 l'âge de 75 ans, Jacques
Maes obtint, le 13 mars, la survivance du greffe[2] et
prêta serment le 1er avril. Le premier commis du
greffe obtint aussi la même faveur en 1674[3].

La surveillance du Magistrat sur cet officier était
très effective. Quand le sieur de Brandt quitta ces
fonctions, pour celles de conseiller au bailliage, la
ville exigea qu'il lui rendît ses comptes, car il avait
été greffier à une époque très troublée, comme nous
l'avons déjà dit, pendant la révolte des Sinoguets[4]. Il
refusa de se dessaisir de plusieurs registres et de
divers papiers sans une décharge absolue, parce
qu'ils contenaient la justification de sa conduite. Il
fallut faire faire un inventaire de ces papiers qui

1. *Reg. aux Délibérations du Magistrat* L, f. 143.
2.   *Id.*   EE, f. 90.
3.   *Id.*   FF, f. 80.
4. Voir ci-dessus, p. 17.

remplissaient deux coffres et un tonneau et ajourner l'ancien greffier devant le Conseil d'Artois. Il y fut accusé de diverses malversations et notamment de s'être approprié les arrérages de quelques rentes dues à la ville, de dépôts d'argent faits au greffe, etc. Condamné par sentence du 13 novembre 1587 à 1.000 florins d'amende envers le roi et aux frais du procès, il appela de ce jugement, et la sentence du Conseil d'Artois fut infirmée par le Grand Conseil de Malines en 1589 [1]. Il avait été d'ailleurs anobli dès le 7 février 1587 moyennant finances, et à raison des dangers qu'il avait courus et des services qu'il avait rendus à la cause du roi d'Espagne [2].

Le Magistrat ne permettait pas non plus au greffier de lui manquer de respect : en 1647, deux jours avant la fête des Rois, sur la requête du maieur et par ordre de messieurs, le greffier Desmons fut admonesté « sur la façon arrogante et despectueuse « dont il aurait usé en droit quelques eschevins « le dit jour en halle » [3].

Mais on ne voit aucune disposition protégeant le greffier contre les injures des plaideurs, probablement parce qu'il n'y avait pas lieu de prévoir un tel cas à raison de son rôle passif à l'audience [4].

Lors de leur réception les greffiers principaux don-

---

1. *Reg. aux Délibérations du Magistrat* M, f. 35 et 38.
2. *Inv. som. Ch. des Comptes de Lille*, t. II, n° 1676, p. 408.
3. *Bibliothèque de Saint-Omer, Ms. 879*, t. II, p. 258 r°.
4. *Les anciens Usaiges et Coustumes de la Conté de Guysnes*, ms. du XVᵉ siècle appartenant à la Bibliothèque nationale, édité par la Société des Antiquaires de la Morinie en 1856, contient art. 201 une disposition : « se aucun disoit villenie au clerc de le court », obligeant la justice à arrêter le coupable et à faire des excuses publiques.

naient un banquet à Messieurs de l'hôtel de ville.
C'était là une grande dépense. En 1669, comme la
ville avait besoin d'argent pour réédifier une maison
lui appartenant du côté ouest de la scelle ainsi que les
caves qui s'effondraient, on donna à Jacques Maes la
survivance de la charge de greffier après la mort de
Charles Desmons, alors âgé de 75 ans, à la condition que le sr Maes « baillera promptement à la ville
« pour forme de rédemption et excuse du dit ban-
« quet la somme de onze cens florins » [1].

En 1680 Jacques Cardocq, son successeur, fut
aussi dispensé de donner ce repas ; la ville avait
alors à pourvoir au logement du marquis de Saint-
Geniès, gouverneur de Saint-Omer pour le roi de
France qui l'avait réunie à la couronne en 1677,
elle exigea du sr Cardocq, au lieu du banquet, cent
louis d'or pour servir au paiement de la maison
acquise par l'échevinage pour ce logement.

Ils étaient astreints à donner caution pour les
nantissements et les dépôts d'argent ou de valeurs faits
au greffe et la caution était solidaire avec le greffier.
En 1614, Gaspard de Balinghem présenta ainsi pour
caution Michel de Balinghem, son fils et demoiselle
Antoine de Balinghem, veuve de Michel Breton, sa
sœur [2].

Les gages de ces officiers n'étaient point fixés et
dépendaient uniquement de la décision de l'échevinage. Jacquemart Copin touchait, en 1413, 40 livres
monnaie courante payées en deux termes, à la Saint-
Jean-Baptiste et à Noël. Le 22 décembre 1417, on

1. *Reg. aux Délibérations du Magistrat* EE, f. 92 vo.
2. Art. 6 et 13 du règlement du 1er décembre 1614. *(Reg. aux Délibérations du Magistrat* P, f. 33).

augmenta la pension de Philippe de Sus Saint-Légier jusqu'à 100 livres, puis le 8 janvier 1424 on y ajouta encore 50 livres[1]; le traitement de la pension totale lui était payée en trois termes : les 11 mars, juillet et novembre. Robert Duval fut réduit en 1448 à 60 livres[2].

Le greffier principal jouissait aussi, avec celui du crime et de police, d'une échoppe ou petite boutique sous la chapelle de Notre-Dame des Miracles, sur le grand marché. La ville reprit cette concession en 1448 et le 14 avril elle alloua à Robert Duval, pour la remplacer, quatre livres parisis par an.

L'article 16 de la charte de Philippe-le-Bon avait confirmé, en 1447, le droit des échevins de fixer les appointements du greffier, en déclarant « que les « greffiers principaux et du crime n'auront de gages « que ceux qu'ils sont accoutumés avoir d'ancien- « neté, ou tels qu'il plairait à la Loy leur donner ». L'ordonnance de 1500 ne détermina pas non plus le traitement du greffier, mais elle porta atteinte à l'ancien droit de l'échevinage de le fixer seul en le remettant « à la discrétion et ordonnance de nosd. « Bailly, Mayeur et Eschevins de St Omer pour par « eulz estre diminué et en ordonner selon qu'ilz « verront estre utile et proufitable pour la dite « ville »[3]. Un règlement de Charles II, roi d'Espagne, du 18 janvier 1673, fixa les émoluments du greffier principal à 637 florins 13 sous 6 deniers, soit 797 livres 1 sou 10 deniers d'argent de France. En 1693, Guillaume-François Le Coigne touchait

1. *Comptes de la ville.*
2. *Reg. aux Délibérations du Magistrat* C, f. 3.
3. Pagart d'Hermansart. *Histoire du Bailliage de Saint-Omer,* t. II, p. 381.

350 livres de gages. En 1764, le traitement fixe du greffier fut fixé à 500 livres et c'est ce chiffre qui paraît avoir été maintenu quand les deux greffes, un instant réunis, furent de nouveau divisés en 1768.

En outre de ces gages, les greffiers jouissaient de tous les droits et émoluments de leur greffe [1], ce qui représentait une somme assez importante, évaluée en 1768 à 600 livres. Ces droits étaient les mêmes que ceux des greffiers de la ville d'Arras et de l'Election d'Artois ; le Magistrat leur permettait de prendre leurs journées, outre le droit de grosse dans toutes les vacations d'enquêtes, de licitations de maisons et autres affaires de même nature ; les vacations pour les descentes et visites de lieux qui se faisaient en vertu d'ordonnances dans les procès particuliers leur appartenaient aussi, à moins que quelques-uns des échevins ne procédassent eux-mêmes à ces visites. Un règlement du Conseil d'Artois du 30 juillet 1678 avait décidé que les expéditions des sentences sur procès ne pourraient coûter au plus que le quart des épices. Les greffiers devaient, au surplus, suivre un tarif arrêté en 1700, remanié le 9 mai 1708. Ils avaient encore 3 deniers par livre pour les dépôts d'argent volontaires ou autres faits entre leurs mains [2] et divers émoluments pour apposition du scel aux causes et du scel aux reconnaissances [3].

---

1. *Reg. aux Délibérations du Magistrat* C, f. 3.

2. Le greffier principal est autorisé à continuer de prendre pour les dépôts d'argent 3 deniers par 20 sous monnaie courante ou 18 deniers de la livre de gros monnaie de Flandre. (*Table alphabétique des Délibérations du Magistrat,* analyse du reg. F, perdu, en la date du 25 janvier 1489).

3. Hermand et Deschamps de Pas. *Histoire sigillaire de Saint-Omer,* p. 11 et 14.

La ville prenait à sa charge tous les frais de papier, plumes, cire d'Espagne et autres choses nécessaires au greffe, ce qui lui coûtait près de 500 livres annuellement, outre le bois de chauffage et la chandelle estimés tous deux 200 livres.

Des gratifications étaient quelquefois accordées par la ville ; c'est ainsi qu'elle fit don en 1655 d'une demi-pièce de vin au greffier Desmons, qui était à son service depuis 19 ans [1].

Il n'y eut pas toujours de maison affectée au logement du greffier, mais il recevait une indemnité qui figure dans les comptes de la ville après ses gages. En 1436-37, Philippe de Sus Saint-Légier avait « pour le louage de sa maison escheant pour tont « l'an au terme de St Jean Baptiste xviii l. monnoie « courante ».

Il paraît qu'en 1523 il occupait une maison appartenant à la ville, mais elle était sans doute insuffisante, ou la jouissance n'en fut que précaire, car Nicolas de Wissocq en légua à l'échevinage une autre qui devait être affectée à la résidence du greffier, et dont le Magistrat fit jouir Mathieu Mathon en 1556. Cette maison était vieille, on dut la réédifier dès 1558, puis on finit par la vendre [2] ; et il est à penser que l'on reprit alors en faveur du greffier le paiement d'une indemnité de logement.

Comme les autres officiers du bureau, le greffier recevait une robe qui était à l'origine aux couleurs de la ville, noire et pourpre, ou d'une seule couleur

1. *Reg. aux Délibérations du Magistrat* BB, f. 1. — On voit en 1764 le greffier prendre cent livres pour « sa part au gateau des rois, etc... »
2. *Arch. de Saint-Omer*, CLXIX-5.

quand il était gradué[1]. Plus tard la robe qu'il porta
ne différait point de celle des escarvettes ou des sergents à verge. On lui en fournissait une tous les
deux ans.

Il participait aussi aux distributions de vin et de
cire faites à diverses époques de l'année[2].

On ne pouvait cumuler la charge de greffier avec
aucune autre, et Philippe de Sus Saint-Légier nommé
en 1415 abandonna sa situation de procureur de
ville, ainsi que Robert Duval en 1447. Jehan de
Brandt, investi du greffe en 1565 et qui avait d'abord
géré celui des vierschaires, était greffier du crime
depuis 1561 et bailli du chapitre de Saint-Omer, il
ne fut nommé qu'à la charge d'abandonner ces fonctions, et de ne prendre aucune pension de l'abbaye
de Saint-Bertin, de celle de Clairmarais ni d'autres.
Louis Berniers, lui-même, bien que nommé par la
faction des Sinoguets, était pourvu du greffe du
bailliage en 1578 lorsqu'il le quitta pour prendre
celui de la ville. On lit dans les conditions imposées
en 1614 à Gaspard de Balinghem qu'il devra « quitter
« tous offices et pensions étrangères ». Il était greffier du bailliage depuis 1585 et auditeur des comptes
de la ville depuis 1600 ; il abandonna ces deux posi-
tions avant d'être greffier principal de l'échevinage[3].
Après la vénalité des charges, en 1703, Guillaume-
François Le Coigne ayant acquis celle de subdélégué
de l'intendance, donna sa démission de greffier en

1. En 1655, cette robe valait 20 florins l'aune, il fallait une aune et
demie pour la faire.

2. *Comptes de la ville.*

3. Conditions touchant la greffe principalle de ceste ville du 1er décembre 1614. *(Registre aux Délibérations du Magistrat P, f. 33).*

faveur de son frère. Crépin en 1749 avait quitté la charge de procureur de ville, et Gaillon en 1761 celle de greffier du crime.

Il prêtait serment devant messieurs des deux années ainsi que le fit Robert Duval le 12 avril 1448 et ses trois successeurs, et ensuite entre les mains de messieurs des trois corps, comme Pierre Salomé le 15 juin 1544 et tous ses successeurs jusqu'en 1764[1]. A cette époque il fit son serment devant l'assemblée des notables, et en 1768 entre les mains du mayeur.

En général, dans les cérémonies publiques, le greffier avait le pas sur le procureur de ville, mais le Magistrat était libre d'en décider autrement. Nous avons mentionné déjà, en traitant des procureurs de ville, les prétentions de ces derniers[2] et les difficultés survenues entre eux et les greffiers principaux à propos de la préséance en 1596, 1597, 1607 et 1655[3]. Les procureurs l'emportèrent en 1660, 1711 et 1712 ; plus tard on tint compte de l'âge ou de l'ancienneté dans le grade de licencié ès-droits pour fixer le rang de chacun des rivaux.

1. Nous n'avons pu retrouver la formule de ces serments. Nous donnons seulement, *Pièce justificative* II, celui de Jean d'Esquerdes en 1361.

2. *Les Procureurs de ville à Saint-Omer*, D'Homont, 1894, p. 32 et suiv. et *Pièces justificatives*, § II, nᵒˢ 2, 3, 4 et 5.

3. Ajoutons que le règlement du 1ᵉʳ décembre 1614, spécial au greffier de Balinghem, avait déclaré (art. v) que le greffier aurait la séance « que messieurs lui assigneraient » et que Gaspard de Balinghem, récemment nommé, passerait après le procureur, « messieurs « se réservant toutefois de lui assigner telle place qu'il leur plairait » (art. XII). *(Reg. aux Délibérations du Magistrat* P, f. 33).

CHAPITRE II

Registres tenus par le greffier principal. — Attributions diverses. — Son rôle lors de l'élection annuelle des échevins. — Les archives municipales. — Le greffier était à la fois secrétaire de l'administration municipale et greffier du tribunal des échevins.

Les premiers registres tenus par les greffiers sont ceux qu'on appelait « Registres au renouvellement de la Loy »[1] parce que chaque année les noms des membres du Magistrat élus y étaient rapportés. Mais les plus anciens de ces registres présentent en outre une quantité d'actes variés relatés sans autre ordre que l'ordre chronologique qui n'était même pas toujours suivi[2]; les intercalations y sont fréquentes, des blancs ont été utilisés pour inscrire des mentions qui ne sont pas à leur place, il y a des feuillets dont l'écriture est en sens inverse de celle des autres

---

1. Il reste dix de ces registres. (Voir l'*Annexe* A, à la fin de l'ouvrage). Nous en avons extrait diverses pièces publiées depuis 1892 dans le *Bulletin historique et philologique* du Ministère de l'Instruction publique, sous le titre : *Documents inédits contenus dans les Archives de Saint-Omer.*

2. Ainsi le registre G contient des pièces de 1321 à 1340 et le registre A des actes de 1325 à 1330.

pagés, un de ces registres même commence de deux
côtés à la fois. On peut ramener les divers actes ou
extraits qui y sont mentionnés à plusieurs catégo-
ries : ceux intéressant la vie municipale, la police,
la justice criminelle, la sûreté de la ville et les relations avec les princes et souverains.

On y trouve notamment les listes annuelles des trois
corps de l'échevinage, les noms des rentiers et argentiers pendant une certaine période, ceux des comtes
de la hanse, des maîtres et des cœuriers des différents
métiers, les plégeries, les nominations et serments
de divers employés de la ville tant dans la cité
même [1] que dans la banlieue [2], celles des avoués des
orphelins, des officiers du bailliage, la liste des
offices à donner, des tarifs de différents impôts tels
que le tonlieu, la cauchie, le saccage, etc., la loca-
tion des moulins de la ville, quatre comptes des
finances municipales de 1321 à 1324, [3] etc., puis ce
sont divers actes ou contrats tels que dépôts de
testaments, donations pieuses, des dépôts d'argent
à la halle, des actes d'emprunt, des actes de
tutelle, etc.

En matière de police on y lit les commandements
annuels faits par les nouveaux échevins, des ordonnances concernant le commerce, les corps de métiers, les impôts.

Des extraits sommaires de condamnations judiciaires en grand nombre concernant les bannis, les
paix, les réparations pour homicide, les amendes

1. On n'y rencontre jamais les nominations des greffiers, à part
celle que nous donnons en pièce justificative.
2. Par exemple les gardes des pâtures communales, ceux des blés
et des moissons.
3. Nous publierons le plus ancien de ces comptes quand nous
traiterons des argentiers.

honorables, la perte de la bourgeoisie et la réintégration, d'autres peines avec obligation de pèléri-
nages, les séparations de corps, l'exercice du droit
d'arsin, des conflits de juridiction à propos des
clercs ou autres, la part de la ville dans les amendes
prononcées contre les délinquants ou les malfai-
teurs y étaient également mentionnés.

Pour la guerre ce sont des règlements relatifs à la
garde ou à la défense des fortifications, aux muni-
tions, à la milice communale, aux connétablies, aux
« conducteurs » de la milice, aux arbalétriers, des
estimations de dégâts causés par les guerres.

Enfin les relations politiques de l'échevinage sont
représentées par des copies de lettres de rois de
France, de comtes de Flandre et d'Artois, ou d'autres
grands personnages, de correspondances avec différentes villes, quelques ordonnances concernant les
audiences du Parlement de Paris et les réclamations
que la ville doit y présenter, des remontrances
qu'elle se propose de faire à la comtesse d'Artois,
des plaintes relatives à l'altération des monnaies,
des réclamations contre l'évêque de Térouanne, etc.

A une certaine époque, vers le xve siècle, les
registres au renouvellement de la Loi restèrent
affectés aux élections et aux nominations, installa-
tions et serments des différents officiers de l'échevinage et du bailliage, ainsi qu'aux ordonnances modi-
fiant le mode des élections ; tandis que divers registres furent ouverts successivement tant pour y con-
signer les délibérations du Magistrat que pour y
relater les divers actes de l'administration et de la
justice échevinales[1], de sorte que l'on peut mieux

1. Voir à la fin de ce travail le détail de ces registres, *Annexe* A,
1 § 2, 3, 4 et l'*Annexe* B.

distinguer les actes que le clerc de la halle enregistrait en qualité de greffier de ceux qu'il rédigeait comme secrétaire.

Comme greffier il tenait les registres aux plaids, aux audiences, aux causes, aux sentences, aux distributions de biens vendus devant l'échevinage. Il enregistrait les conclusions, demandes, etc., et remplissait auprès de ce tribunal des fonctions à peu près semblables à celles qui incombent aujourd'hui aux greffiers de première instance.

Comme secrétaire il devait rédiger et écrire de sa main le compte rendu des délibérations du Magistrat. Lorsque Mathieu de Vargelot donna sa démission en novembre 1614, et fut emporté par la peste le 4 décembre suivant, on constata que les délibérations n'avaient point été enregistrées depuis le 16 janvier 1607 jusqu'à la fin de décembre 1610, et depuis le 6 novembre 1613 jusqu'au jour où il s'était retiré ; l'échevinage, afin d'éviter de pareilles lacunes imposa à son successeur l'obligation de présenter chaque semaine son registre à l'échevinage[1], et Gaspard de Balinghem qui fut nommé à la place du défunt fut chargé de compléter le registre d'après ses papiers et ses notes[2]. Plus tard on exigea seulement que le greffier donnât tous les mois, en chambre échevinale, une lecture des délibérations prises pendant le mois précédent par le Magistrat[3].

Le greffier devait encore tenir et parapher les registres des divers contrats passés devant l'échevinage, enregistrer les saisines, mais seulement sur la

---

1. *Reg. aux Délibérations du Magistrat* P, f. 33. Art. vi du règlement du 1er décembre 1614.
2. Délibération du 18 janvier 1616.
3. Délibération de 1724.

relation d'un échevin, tenir registre des hypothèques, des werps, arrentements ou transports d'héritages, etc. Il inscrivait aussi les noms des bourgeois
nouvellement reçus sur un registre spécial [1] et parta-
geait avec les deux échevins de semaine les deniers
perçus à l'occasion de cette réception.

D'autre part, trois recueils avaient été formés
anciennement par les greffiers : un *registre aux bans*
ou *keurebroeck* de la fin du XIIIe siècle [2], un *cartulaire*
de la même époque, continué au XIVe siècle, contenant la série des privilèges concédés à la ville [3], puis
un registre qui n'eut à son origine aucune valeur
officielle : le *gros registre du greffe* ou *gros registre
en parchemin* qui contient des copies de pièces
depuis 1166 jusqu'à 1778, et dont M. Giry a expliqué
l'importance en l'analysant [4].

Le greffier délivrait des expéditions des actes qu'il
rédigeait, et plus tard aussi des passeports.

Il dressait le tableau des biens de la ville et recevait les déclarations des contribuables relatives à
certains impôts.

Il percevait les émoluments dus aux maieur, échevins et autres officiers pour l'apposition du grand
scel communal. Nous avons déjà mentionné [5] qu'il

1. Il ne subsiste aucun de ces registres. On trouve seulement une
table intitulée : « Noms des bourgeois reçus par le Magistrat de
« Saint-Omer mise par ordre alphabétique depuis 1700 jusqu'à ce
« jour. Cette table a été dressée par le s[r] Dominique de Potter,
« commis au greffe criminel et de police en 1758 ». — A cette époque
la tenue de ces registres avait passé dans les attributions du greffier
du crime.

2. Giry. *Histoire de Saint-Omer : Pièce justificative* III.

3. Autrefois conservé aux *Archives de Saint-Omer* sous la cote
AB xVIII-15, maintenant à la Bibliothèque de cette ville Ms. n° 829.

4. Giry. *Analyse d'un registre aux Archives municipales de
Saint-Omer. (Mém. des Antiq. de la Morinie,* t. XV).

5. Page 22, note 2.

était rétribué pour l'usage du scel aux causes et du scel aux reconnaissances.

Les échevins et les officiers du bureau devaient se trouver en halle les jours d'assemblée ordinaire entre 9 heures et 9 heures 1/2 du matin, et quand les trois corps se réunissaient, tous devaient s'y rendre à 9 heures environ, à peine de 5 sous d'amende contre ceux qui arrivaient trop tard et de 10 contre ceux qui n'étaient point venus et n'avaient point excipé d'un empêchement légitime. C'était le greffier qui vérifiait l'exactitude aux séances et remettait à l'argentier l'état des amendes à percevoir sur les défaillants [1].

Il signait les billets de logement des gens de guerre à pied et à cheval, et il était chargé de faire les publications des traités de paix à l'hôtel de ville.

Enfin le greffier principal jouait au moment du renouvellement annuel de l'échevinage un rôle spécial. C'était lui, en effet, qui réglait les formalités et le cérémonial en usage pour le renouvellement annuel de l'échevinage [2]. Voici en quoi consistaient à ce moment ses fonctions sous l'empire de la

1. Plus tard, en 1638, ce fut le mayeur qui se chargea de ces constatations. Le produit des amendes fut employé à une « récréation ». (*Reg. aux Délibérations du Magistrat* V, f. 51 et 181).

2. Voir Tailliar : *de l'Affranchissement des Communes*. Cambrai 1837, p. 279. « La cérémonie qui s'observait au xvi° siècle pour le « renouvellement de la Loy à Douai, selon la teneur de la charte « accordée par Louys de Mâle, 25° comte de Flandre (le 19 aoust 1373) « et depuis confirmée en 1340 par Philippe VI de Valois ».

Ni les conseillers pensionnaires, ni le procureur de ville, ni le greffier criminel n'assistaient aux opérations relatives au renouvellement de la Loy de Saint-Omer. (*Arch. de Saint-Omer*. Délib. 5 janvier 1650. *Reg. au renouvellement de la Loy* L, f. 153).

législation de l'ordonnance de 1447, modifiée en
1500, 1516 et 1540, et d'après un règlement du
4 janvier 1644 : A cette époque le corps électoral se
composait des mayeur et échevins en exercice et
des dix jurés pour la communauté qui s'adjoignaient
neuf personnes représentant les trois états, prises
par portions égales dans le clergé, la noblesse et la
bourgeoisie, et le Magistrat était composé de douze
échevins, quatre nommés par le bailli du prince et
huit élus parmi lesquels on prenait le mayeur, des
échevins de l'an passé ou jurés au Conseil et des
dix jurés pour la communauté. Le bailli du prince
assistait à l'élection et recevait le serment des
31 électeurs, puis celui des élus [1].

La veille de l'Epiphanie, après la messe, les échevins et les dix jurés entraient avec le greffier principal dans la chambre d'audience où ils prêtaient
serment avant de choisir les électeurs des trois
ordres. Lorsqu'un siège épiscopal eut été établi à
Saint-Omer en 1559, on ne choisit plus que deux
ecclésiastiques, qui étaient deux des curés de la
ville, l'évêque était électeur de droit [2]. Voici le texte
de ce serment, tel qu'il était lu en 1589 par le
greffier principal et prêté debout par Messieurs du
Magistrat :

Vous et chacun de vous jurez et promettez par le serment que debvez à Dieu et au Roy nostre sire de dénomer
et eslire deux personnes ecclesiastiques curez de paroisse
de cette ville, trois nobles et trois bourgeois ou habitans
des plus notables et mieux renomez qu'en chacun estat se
pourront trouver, aiant l'âge de quarante ans, ou en
deffaut d'iceux de trente quatre ans et au dessus, et qui

---

1. *Histoire du Bailliage de Saint-Omer*, t. I, p. 80, 267 et suiv.
2. *Histoire du Bailliage de Saint-Omer*, t. I, p. 275.

par longue et continuelle demeure en cette ville ont la meilleure connoissance des personnes les plus zeellées à la religion Catholique Romaine et au service du Roy nostre sire, idoines, qualifiez et experts pour estre de la loi de cette ville, pour, avecq le réverendissime evêque de Saint-Omer ou son vicaire et vous, procéder au renouvellement de la dite loi suivant l'institution et les patentes dépêchées sur l'ordre et réglement dudit renouvellement et l'interprétation depuis ensuivie.

Ainsi vous veuille Dieu aider [1].

Cette première élection terminée, le greffier faisait avertir par un sergent à verge les électeurs choisis. Alors avait lieu un déjeuner où assistaient tous les électeurs ; puis le grand bailli nommait les quatre échevins qu'il avait le droit de désigner [2]. Le greffier présentait ensuite à chacun « un rôle de deux ou trois feuilles de papier » et expliquait les formalités à observer pour l'élection des huit échevins restant à choisir. Il donnait aussi lecture d'un nouveau serment préalable ainsi conçu : [3]

Vous jurez et promettez par le serment que debvez à Dieu et au Roy nostre sire que vous choisirez et eslirez cejourd'hui selon votre entendement et conscience huict

1. Ms. d'Haffrenghès, nᵒ 879 de la *Bibliothèque de Saint-Omer*, t. I, p. 195-196. Il est intitulé ainsi : « Serment que doivent prester Messieurs Maieur et Eschevins de la ville de Sᵗ Omer et les dix Jurés pour la Communauté, avant choisir les électeurs ecclesiastiques, nobles et notables, pour renouveler la loi de ladite ville, lequel serment mesdits sieurs estant en chambre debout, et chacun levant la main, jurent et prestent tous par ensemble, introduit en l'an 1589 ».

2. Nous avons reproduit dans l'*Histoire du Bailliage de Saint-Omer*, t. I, p. 270, le texte du serment que le bailli prêtait sur le dossal avant de désigner ces quatre échevins.

3. Il est intitulé : « Serment que les électeurs prestent sur le « dossal l'un après l'autre et par ordre, sçavoir : les trois ecclesias- « tiques, trois nobles, douze echevins, dix jurés et trois bourgeois « notables, augmenté selon l'ordonnance de 1589 ». Ms. d'Haffrenghes, nᵒ 879, *Bibl. de Saint-Omer*, t. I, p. 195-196.

personnes légitimes de léal mariage de l'âge de vingt huit ans et au dessus des plus zéleux à la religion Catolique Romaine et au service du Roy que pourrez adviser, idoines, qualifiez et experts pour, avecq les quatre que dénomera le grand Bailli de ceste ville au nom et de la part de Sa Majesté, estre maieur et eschevins de ceste ville le tems d'un an commençant cejourdhuy et finant la veille des Rois de l'an prochain, sans avoir regard s'ils auroient autrefois esté de la loi ou non, en comprenant seulement les douze eschevins à choisir quatre de ceux aiant esté en loi l'année. . . . .[1] fois de vostre élection ou de la nomination dudit sieur Grand Bailli ; si designerez à chacun desdits eschevins sa place selon le rang qu'un chacun d'iceux pour sa qualité, expérience ou précédens services sera trouvé mériter ; choisirez et eslirez aussi les dix jurés du commun de gens notables et preudhommes de l'âge dessudit ; que veus n'eslirez aucun qui vous ait requis ou fait requérir ou pourchasser, ains les eslirez justement et sans faveur autre que pour le bien de ladite ville, que pour élection que vous ferez ou aurez fait vous n'avez prins ni prendrez par vous ni par autre, don ou courtoisie d'or, d'argent ou d'autre chose quelconque directement ou indirectement, et tiendrez secret ce que sera dit et besoingné en ladite élection. Ainsi vous veuille Dieu aider.

Lorsque ces huit échevins avaient été élus, on procédait à l'élection du mayeur, puis le greffier mettait le nom des douze échevins choisis sur divers billets qui étaient présentés aux électeurs pour qu'ils désignassent le rang que chacun d'eux devait occuper. Il donnait lecture des considérations suivantes qui devaient guider les électeurs dans cette circonstance :

« Pour assigner les places aux douze eschevins les électeurs sont astraints par serment d'avoir reguard à ce

---

1. Quelques mots manquent dans ce texte.

que chacun pour sa qualité, expérience et précédents services sera trouvé mériter.

« Or convient considérer que les sept eschevins der-
« niers sont submis au guet de nuict en quatorze jours
« une fois et dont sont exempts les quatre eschevins quy
« tiennent les deuxiesme, troisiesme, quatriesme et cinc-
« quiesme places, ayant le mayeur surtout la plus grande
« charge de l'ouverture des portes au matin, visitations
« desd. portes à touttes occasions durant la journée,
« avecq l'assiette de la guarde et conduite journalière
« d'jcelle au soir.
« Par ainsy fait bien à considérer l'assignation de la
« place à un eschevin quy aura fait service plusieurs
« années s'il n'est à préférer et mettre hors de charges de
« guet en la 2ᵉ, 3ᵉ, 4ᵉ et 5ᵉ place puisqu'il a des trois
« poincts les deux à savoir l'expérience et précédents ser-
« vices, plustot qu'un autre quy sera peut-estre de qualité
« noble ou aura degré de licence sans touttes fois avoir
« fait au précédent aucun ou peu d'années service »[1].

On élisait ensuite le lieutenant mayeur qui était
pris parmi l'un des huit échevins dénommés par les
électeurs, et enfin les dix jurés auxquels on assi-
gnait leurs places.

Le greffier prévenait tous les élus, échevins nouveaux, et dix jurés en leur indiquant les places qui
leur avaient été assignées.

Tous les nouveaux échevins élus se réunissaient
en l'argenterie et le greffier principal se présentant
à la porte les appelait suivant l'ordre adopté ; ils
montaient alors sur le doxal[2] et, en présence du
grand bailli, et des douze échevins anciens, ils y
prêtaient le serment suivant lu par le greffier :

1. *Archives de Saint-Omer* AB XXVII. *Formulaire de serments.*
2. *Doxal :* espèce de tribune placée dans un angle au fond à
droite de la halle.

Vous jurez par le Dieu tout puissant et sur la damnation de vostre âme que vous croiez tout ce que croit l'église catolique, apostolique, romaine, et que tenez la doctrine qu'elle a tenue et tient soubs l'obéissance de notre Saint Père le Pape, détestant toutes doctrines contraires à icelle si comme des Lutériens, Calvinistes, Anabaptistes et de tous autres hérétiques et sectaires et que en tant que vous sera, vous vous opposerez et contrarirez à icelles[1].

Que serez toujours obéissant et fidel au Roi nostre sire.

Que en cet estat et office où vous estes appelé servirez de tout vostre cœur et affection et travaillerez de tout vostre pouvoir pour l'honneur de Dieu, du Roi et l'utilité de cette. . . . .[2] que le dit office requiert.

Repondrez à Sa Majesté de ce qui vous est comis depuis l'heure présente jusques à la veille des rois prochain, administrerez bonne, sincère et droiture justice aux sujets et autres vous requérant d'icelle sans avoir respect au gain, haine ou amitié d'aucuns, ni plus favoriser personne que raison et équité ne permettent, traitant les bons le plus doucement que pourrez et châtiant les méchans selon droit et les ordonnances du Roi.

Ne demanderez, exigerez ne recevrez de qui que ce soit aucune chose pour favoriser ou administrer justice, mais serez content de vos gages et salaires légitimes ordonnez audit estat, et ne soufrirez scientement que aucuns soubs vostre charge ou qui vous assistent fassent autrement.

Qu'à l'occasion de cet office, ni pour avoir sufrages, faveur ou assistance d'aucuns, vous n'avez requis ni fait requérir, donné, ne donerez, n'avez promis ou pactioné deniers, ni envoié à qui que ce soit quelque chose directement ou indirectement, mais que gratuitement avez reçu ledit office.

Aussi vous porterez tel à l'endroit des sujets de Sa Majesté et autres comme cet office requiert, et en effet

1. Ce premier paragraphe a été introduit en 1589, à l'époque des guerres religieuses. — V. *Histoire du Bailliage de Saint-Omer*, t. I, p. 234.

2. Il y a dans le texte une lacune qu'on peut combler ainsi : « ville et autant ».

ferez tout ce qu'un homme de bien, bon et droiturier juge
et administrateur d'office paroil que vous tenez, doit et est
tenu de faire tant selon droit divin que droit escrit et les
ordonnances du Roi nostre sire.

Ainsi vous veuille Dieu aider [1].

Après cette formalité les nouveaux échevins ren-
traient dans la chambre d'audience avec le grand
bailli et les douze échevins de l'an passé, et le greffier appelait à leur tour les dix jurés en présence
desquels les douze anciens échevins, devenus jurés
au conseil, prêtaient dans la chambre même le serment suivant : [2]

Vous jurez par la foy et serment que debvez à Dieu que
de l'estat et office de juré au Conseil vous vous acquit-
terez bien et deubement, que viendrez en chambre touttes
les fois que vous y serez appellez, que conseillerez la
ville bien et léallement gardant ses droits et les droits de
la Communauté et ferez generallement tout ce que a un
bon et fidel eschevin juré au conseil appartient gardant
le secret quy soit à celer. Ainsi Dieu vous ayde.

Puis venait le tour du mayeur et des dix jurés
pour la communauté [3].

« Vous jurez que l'office de juré vous exercerez bien et
« léallement, que viendrez en chambre touttes les fois
« que vous y serez mandez, conseillerez léallement la
« ville et la communauté en gardant les droits, privilèges,
« bonnes coustumes et proffit de cette ville et commu-

1. Ms. d'Haffrenghes, n° 879, *Bibl. de Saint-Omer*, t. I, p. 197 à 199.
Ce serment est intitulé : « *Serment des eschevins de la ville de*
« St Omer nouvellement esleus ».

2. *Arch. de Saint-Omer. Formulaire des serments*, déjà cité. Il
est ainsi intitulé : « Serment des eschevins jurez au Conseil qu'ils
« prestent en Chambre, debout, trois par trois ».

3. Ce serment est ainsi intitulé : « Serment du Mayeur et des dix
« jurez pour la Communauté quy se preste aussy debout en
« chambre ». *(Arch. de Saint-Omer. Formulaire des serments)*.

« nauté, cellerez le secret quy soit à celer et ferez tout ce
« qu'au dit office compète et appartient ».

Le greffier avertissait ensuite les sergents à
verges qu à masse et leur donnait lecture de leur
serment qu'ils prêtaient :

« Vous jurez que l'office de sergeantise à verges où
« Messieurs vous ont commis exercerez bien et dilliga-
« ment, ferez les adjournements et commandemens quy
« vous seront ordonés faire et autres dont requis serez,
« ferez bonnes relations et servirez à diligence Messieurs,
« celerez le secret quy sera à celer et ferez tout ce que à
« cet office appartient »[1].

Après cette dernière formalité, le bailli royal se
retirait. Le greffier faisait alors appeler les escar-
wettes et lisait le serment suivant qu'ils répétaient :

« Vous jurez que l'office d'Escarwette vous exercerez
« bien et léaulement, ferez bon et léal rapport, celerez
« tout ce que sera à celer et taire et ferez au surplus tout
« ce que à cet estat et office appartient de faire. Ainsy
« vous vœuille Dieu ayder »[2].

Enfin les trois greffiers de la ville, à leur tour, le
greffier principal, le greffier criminel et celui des
orphelins entraient dans la chambre échevinale ; le
greffier principal, en son nom et au nom de ses
collègues, suppliait Messieurs qu'il leur plût d'avoir
pour agréables leurs services de l'an passé, et ajoutait qu'ils étaient prêts à continuer et à faire de
mieux en mieux avec l'aide de Dieu. Et comme nous
l'avons dit plus haut[3], il déposait en même temps,
toutes les clefs sur le bureau ; Messieurs les leur

1. Ms. 879, *Bibl. de Saint-Omer*, t. I, p. 205.
2. Id. id. t. II, p. 200.
3. Livre I, chap. I, p. 16, *Amovibilité*.

remettaient quand ils entendaient les conserver en
exercice, ce qui avait lieu presque toujours.

Plus tard, sous le règne des intendants, substitués
au grand bailli[1], on modifia ces formalités qui se
passèrent toutes dans la chambre d'audience. Pour
ne. pas donner à l'intendant la peine de monter au
dossal, l'on dressa à chaque renouvellement de la
Loy, dans cette chambre, du côté droit, un petit autel
au pied duquel était un prie-Dieu, couvert d'un tapis
et d'un carreau ou coussin carré, sur lequel était un
crucifix. Les nouveaux échevins promus venaient
l'un après l'autre, quelquefois deux à deux, se mettre
à genoux sur le prie-Dieu, et, la main sur la croix,
prêtaient serment devant l'intendant debout, ayant à
côté de lui le greffier qui lisait la formule du serment écrite dans un livre relié en maroquin rouge
doré, formule que le récipiendaire répétait à haute
voix[2].

Enfin sous le régime des divers édits de munici-
palité de 1764, 1765, 1771 et 1773, le greffier conti-
nua à diriger les nouvelles formalités des élections
modifiées[3].

Il recevait encore le serment d'autres officiers,
notamment des amans[4] des diverses seigneuries de
la ville[5].

<hr>

1. *Histoire du Bailliage de Saint-Omer*, t. I, p. 279.

2. *Ms. Deschamps de Pas*. Ces serments qui se trouvent dans le
Formulaire déjà cité étaient plus abrégés que ceux que nous avons
reproduits.

3. *Les anciennes Communautés d'Arts et Métiers à Saint-Omer*,
p. 57 à 60.

4. Voir dans l'*Histoire du Bailliage de Saint-Omer*, t. II, p. 89,
le chapitre IV sur *Le siège des vierschaires*.

5. 1334. « Lan de grace Mil CCC et XXXIIII le vir jour de Jung
présenta Colard Herans, bailleu de St Bertin, souffizament fondes
pour che faire, Wille Darkes pour estre aman en lille en le signerie

Le greffier prenait charge, à son entrée en fonctions, par un inventaire régulier à la rédaction duquel un commissaire de la ville pouvait assister, de tous les titres, papiers et registres dont il devait assurer la conservation. Il était chargé en effet de la garde des archives municipales. M. Giry a donné en 1888 l'histoire de ces archives[1], expliqué comment, après diverses tentatives remontant au xvie siècle, elles furent définitivement classées vers 1764 dans une armoire dite « aux privilèges » contenant une quarantaine de tiroirs[2] et dans trois cents autres tiroirs[3], comment furent rédigés successivement, sous la direction de l'échevin Des Lyons de Noircarme : en 1784 une Table des délibérations du Magistrat[4], et de 1784 à 1788 trois registres in-folio de 600 à 700 pages chacun, comprenant l'Inventaire des archives par Jacques-Augustin Hausoulier et Charles-François-Marie Boulet, commis au greffe, aidés du greffier Gaillon[5].

Ces archives étaient déposées au premier étage de l'hôtel de ville, dans une salle voûtée dépendant de celle de l'argenterie, où elles restèrent jusqu'en 1751 ou 1756, époque où cette pièce fut transformée en chambre d'audience ou grande chambre du Conseil ; alors elles furent transportées dans une autre salle

labbé et fu rechut et le fizent *(sic)* Maieur et eschevins jurer par leur clerc en plaine halle ensi que on la autres fois acostumé ». *(Arch. de Saint-Omer. Reg. E au renouvellement de la Loy, f. lx).*

1. Giry. *Bibliothèque de l'Ecole des Chartes,* 6e série, t. IV, 1868, 2e liv., p. 169 et suivantes.

2. Exactement 48, plus deux plus grands sans numéros.

3. Exactement 297, dont 257 portant des titres.

4. Elle contient 920 pages.

5. Voir au chapitre traitant du greffier criminel et de police, livre II, chap. II, le classement des archives du greffe de police.

également voûtée, dépendant aussi de l'argenterie, éclairée par deux fenêtres dont l'une carrée donnait sur la Tenne-rue, et l'autre en ogive avait vue sur une petite cour. Ces deux fenêtres étaient grillées d'un double châssis en barreaux de fer[1].

La ville ne permettait pas que ses titres sortissent de l'argenterie ou trésorerie[2] et il était défendu aux greffiers d'en délivrer copie sans y avoir été autorisés par une délibération de l'échevinage[3].

Le greffier pouvait être chargé de traiter diverses affaires au dehors de la ville ; quand il était absent, il était remplacé par le lieutenant mayeur. Une importante mission fut confiée en 1420 à Philippe de Sus Saint-Légier, clerc du secret, qui fit partie des députés du Magistrat envoyés à Paris aux états-généraux tenus en 1420[4]. Mais en général les affaires graves étaient traitées par les conseillers pensionnaires ou même par les procureurs de ville, et les greffiers étaient plus rarement employés et pour des intérêts moindres. On voit notamment le greffier Desmons aller en cour en 1645 comme député de Messieurs, sans qu'on connaisse l'objet de son voyage[5] ; ses frais de déplacement étaient alors

1. Deschamps de Pas. *Essai historique sur l'hôtel de ville de Saint-Omer. (Mém. des Antiq. de la Morinie*, t. IV, p. 312 et p. 327 note 2, et *planche* n° II, n°° 9 et 1.

2. Délibération de 1584 (Reg L, f° 112).

3. Règlement imposé au greffier en 1709. *(Table des Délibérations.*

4. Pagart d'Hermansart. *Convocation du Tiers-Etat de St-Omer aux Etats Généraux de France et des Pays-Bas en 1308, 1346, 1420, 1427, 1555 et 1789. (Mém. des Antiq. de la Morinie*, . XVIII, p. 170 et p. 193. *Pièce justificative* III).

5. Ms. 879, *Bibl. de Saint-Omer*, t. II, p. 212.

taxés à 9 florins par jour[1]. Plus tard, Jacques Cardocq fut député en 1686 à Lille pour rechercher les
titres et papiers concernant le tonlieu de la ville,
afin de pouvoir faire cesser les réclamations des
fermiers de cet impôt[2].

En résumé, par l'importance de ses fonctions, le
greffier était la tradition vivante de la commune
dont il connaissait toutes les affaires présentes et
passées. Lui seul était à même de renseigner le
corps échevinal, et son influence était très réelle dans
les délibérations prises par le Magistrat. Cependant
en droit, il n'avait aucune responsabilité, puisqu'il
se bornait à rédiger sous la dictée en quelque sorte
de ses supérieurs autorisés, des actes qu'il ne pouvait faire suivre de ses appréciations.

1. Ms. 879, *Bibl. de Saint-Omer*, t. I, p. 403 v°, en 1635.
2. *Table alphabétique des Délibérations du Magistrat.*

CHAPITRE III

Commis du greffier principal. — Le greffe.

Le travail du greffier ayant successivement augmenté, on l'obligea à avoir pour l'aider un commis capable qui prêtait serment devant le Magistrat. Il était présenté par le greffier. Il avait le droit de « tenir la plume tant aux devoirs civils qu'aux au « diences et de signer les expéditions » [1].

On ne sait si, à l'origine, il était payé par la ville, mais il en recevait quelquefois des gratifications; le jour de S¹ Nicolas 1764 notamment il toucha à ce titre 45 livres.

Quand les trois greffes étaient réunis de 1765 à 1768 on voit portés ensemble dans les comptes le traitement fixe et les gratifications des commis greffiers évalués à 800 livres.

L'ancien greffe était situé dans l'aile de l'hôtel de ville faisant autrefois partie de l'hôtel de Sᵗᵉ Aldegonde au-dessus d'une grande salle servant de magasin au rez-de-chaussée. Cette pièce avait 13 pieds de large sur 16 de longueur de l'est à l'ouest et avait le double d'étendue du nord au sud, elle était

1. *Table alphabétique des Délibérations du Magistrat.* Délibération de 1678, 1694.

voûtée en arête à ogives avec clef sculptée. Une fenêtre unique à ogives donnait sur la Tennerue, il communiquait par un vestibule avec l'antichambre de la salle d'audience du Magistrat[1]. En 1636 on fut obligé d'établir le greffe provisoirement dans un coin de la grande halle, parce que le greffier de Balinghem était mort de la peste et qu'il fallait attendre, pour rentrer dans l'ancien local, que les papiers du greffe et les siens propres aient été purifiés.

Il était défendu au greffier principal de laisser déplacer des livres ou registres du greffe même par un échevin[2]. La ville se refusait aussi à communiquer les registres aux officiers du roi avec lesquels elle était toujours en difficultés ; en 1730, une décision de l'intendant en date du 10 février obligea M. Crépin, greffier principal, à donner communication aux commis des receveurs du Domaine des registres, minutes et répertoires reposant au greffe et à en délivrer des extraits, à peine de 200 livres d'amende pour chaque contravention ; le greffier ayant refusé d'obéir fut en effet condamné au paiement de cette somme[3], et dut ouvrir son greffe.

Les archives du greffe civil furent déposées pendant la Révolution au nouveau tribunal de district comme actes émanant de juridictions supprimées. Elles restèrent dans les combles du Palais-de-Justice, et la ville en ignorait l'existence jusqu'à ce qu'en août 1889 l'archiviste départemental les ait fait transporter à Arras[4].

---

1. Deschamps de Pas, *loc. cit.*, p. 311, 313, 314 et 368 *note E*.
2. *Table des Délibérations du Magistrat*, 1724.
3. *Archives de Saint-Omer*, CCXC-1.
4. Voir l'*Annexe B*, à la fin de ce travail.

LIVRE II

LE GREFFIER CRIMINEL & DE POLICE

CHAPITRE I

*Origine. — Recrutement. — Nomination, vénalité
des charges, réunion du greffe de police. — Incompatibilité. — Amovibilité. — Banquet. — Cautionnement. — Gages, logement, robes. — Serment.
— Rang et préséance.*

Nous avons indiqué en commençant ce travail,
l'origine du greffier criminel ; on le désigna longtemps sous le nom de clerc du criesme ou crime, de
clerc criminel, et enfin de greffier du crime ou criminel.

On recrutait cet officier parmi les personnes instruites, telles que les procureurs *ad lites*, les procureurs de ville ou les greffiers d'autres administrations [1]

1. Robert Bachelers en 1418 avait été clerc de l'argenterie, Pierre
de Lenesse en 1457 et Jean Le Caron en 1477 avaient exercé les
fonctions de procureur de ville, Gille Stopin était en 1484 greffier des
finances du duc de Bourgogne.

et on préférait les candidats nés dans la ville [1],
où une fois nommés, ils étaient tenus de fixer leur
résidence [2].

Ils devaient connaître la langue flamande [3]. C'est
qu'en effet l'usage de cette langue persista longtemps à Saint-Omer. Le serment des échevins tel
qu'il figure au registre H au renouvellement de la
Loy en 1376 est en français et en flamand. Les affi-
ches se faisaient encore au xiv° siècle dans les deux
idiomes, et les ordonnances de police, quoique rédi-
gées en français, étaient publiées en flamand. La
plupart des rues de la ville avaient aussi au xv° siècle
des noms terminés par la consonnance *straët* [4]. La
coutume de Saint-Omer en 1509 portait, art. 7 : « que
« les échevins ont accoustumé faire rendigier leurs
« dictes sentences criminelles en langaige flameng »
et ce n'est qu'en 1593 que cessa cet usage [5]. Jusqu'à
la fin du xvi° siècle cette langue fut parlée couram-
ment à Saint-Omer. Et même en 1727 Mgr de Val-
belle, évêque de cette ville, employait encore dans
son Rituel imprimé à cette époque certaines formules
en français et en flamand parce qu'alors une partie
des habitants ne parlait que ce dernier idiome [6].

1. Parmi les motifs qui firent nommer en 1457 Pierre de le Nesse
on donne celui-ci : c'est qu'il était natif de la ville *(Reg.* C perdu).

2. Régl. perdu de 1516.

3. Ainsi que son commis, voir plus loin Liv. II. Nous avons dit
aussi dans les *Conseillers pensionnaires de la ville de Saint-Omer,*
p. 12, que ceux-ci devaient connaître la langue flamande.

4. Courtois. *Bulletin historique des Antiq. de la Morinie,* t. II,
p. 552.

5. Pagart d'Hermansart. *Les anciennes Communautés d'Arts et
Métiers à Saint-Omer,* t. I, p. 213.

6. Si les commis du greffe principal avaient su aussi le flamand
quand ils ont rédigé de 1784 à 1788 l'*Inventaire des archives* (v. plus
haut p. 40) ils auraient pu analyser les titres en flamand qu'ils ont
réunis dans la boîte 288 en déclarant qu'ils en ignoraient le contenu.

Elus jusqu'en 1484 par les mayeurs et échevins des deux années, les greffiers du crime furent choisis plus tard par les trois corps du Magistrat.

Après la vénalité des charges, le sr Drincqbier offrit une somme de 3000 livres dont on devait lui payer l'intérêt, pour que la ville pût racheter le greffe criminel[1], à condition qu'il en serait pourvu toute sa vie. Il le garda en effet jusqu'en 1714, époque où il démissionna en faveur de son fils que les échevins nommèrent le 5 mars. A cette époque l'intendant exerçait des pouvoirs presque sans limites et il se plaignit par lettres du 7 à l'échevinage de ce qu'on avait accordé, sans lui demander son agrément ni l'avertir, la survivance du greffe criminel au fils du titulaire. Le Magistrat répondit quelques jours après qu'il ne s'agissait pas d'une promesse de survivance, mais bien d'une nomination qu'il avait faite conformément à ses droits les plus anciens et d'autant moins contestables que les lettres patentes de 1693 avaient réuni l'office à la ville moyennant finances. Quant au choix du titulaire, il le justifia en faisant ressortir que Drincqbier père avait servi la ville dans divers emplois pendant cinquante ans et que son fils travaillait au greffe avec lui depuis dix ans[2]. L'intendant de Bernage n'insista pas et la nomination fut maintenue. C'est alors qu'on réunit le greffe de police au greffe criminel.

Les fonctions de ce greffier furent jointes aussi par

1. Il prêta 7125 livres dont 4125 pour le rachat du greffe des orphelins.

2. *Archives de Saint-Omer, Correspondance du Magistrat liasse de l'année 1714.*

l'édit d'août 1764 à celles du greffier principal, mais elles furent rétablies séparément en vertu d'une lettre de M. de Choiseul, ministre d'Etat, sur la requête des mayeur et échevins et d'après une délibération des notables, en décembre 1768.

L'édit de 1773 ne mentionne pas les greffiers criminels et de police, il ne parle que d'un seul secrétaire greffier dans chaque ville ; de sorte que les autres greffiers qui ont subsisté néanmoins devraient être considérés comme de simples commis.

Il y avait incompatibilité entre les fonctions de greffier criminel et celles de notaire, de greffier ou de procureur d'une autre cour ou d'officier du prince. C'est ainsi qu'en 1565 Georges Nonnard quitta le greffe du caltre[1] avant d'entrer en fonctions à la ville ; qu'en 1599 Jacques de Journy qui était procureur à la cour du bailliage dut abandonner ce poste, et que dans les conditions qui lui furent imposées on déclara qu'il ne pourrait postuler en aucun siège[2],

Amovibles comme les greffiers principaux, ils pouvaient aussi donner leur démission et présenter un successeur : Gille Stopin nommé en 1484 se retira au bout de quelques mois, Jean de Rhetanne en 1502 se démit pour raison de santé et proposa Pierre Bultel pour lui succéder. Ce dernier se déporta lui-même de son office en 1516 à cause de son grand âge et de ses infirmités en faveur de Pierre Le Boullangier. Celui-ci fit de même en 1544 et présenta

---

1. *Caltre.* Etablissement où l'on visitait les draps après leur fabrication (v. dans *Les anciennes Communautés d'Arts et Métiers à Saint-Omer*, t. I, p. 534, le détail du personnel qui y était employé.
2. *Reg. aux Délibérations du Magistrat* M, f. 244.

Guillaume de Croix, mais l'échevinage n'admit provisoirement ce dernier qu'à la condition que Pierre Le Boullangier le mettrait au courant de ses fonctions [1]. Georges Nonnard fit ainsi nommer son fils âgé de 28 ans en 1585 [2]. Enfin Jean Drincqbier qui avait été nommé à vie en 1694 se démit en faveur de son fils en 1714.

Le greffe fut aussi accordé à titre de survivance en 1669 à Hubert Bourgeois, clerc du greffier principal, pour en jouir après la mort de Jacques Maes [3], et Eustache-Joseph Hannon l'obtint à son tour pour le moment où Hubert Bourgeois viendrait à décéder [4].

Le greffier criminel était l'objet de la surveillance de l'échevinage, non seulement en ce qui concernait l'exercice régulier de ses fonctions, mais aussi en ce qui touchait les relations personnelles qu'il devait entretenir avec ses membres. Georges Nonnard ayant tenu en 1599 des propos peu convenables sur le mayeur, celui-ci se plaignit aux échevins qui ordonnèrent au greffier de faire par écrit ses excuses au premier magistrat de la cité ; Nonnard le promit, mais il n'en fit rien, et messieurs le suspendirent alors de son office en l'obligeant à déposer les clefs de son greffe sur le bureau de la chambre d'audience [5].

Lors de leur réception les greffiers du crime étaient tenus à donner à messieurs de la ville un repas

1. *Reg. aux Délibérations du Magistrat* H, f. 3.
2.   *id.*   L, f. 167 vo.
3.   *id.*   EE, f. 93 vo.
4.   *id.*   FF, f. 80 vo.
5. *Arch. de Saint-Omer, Reg. aux Délibérations du Magistrat* M, f. 268.

4

moins somptueux et moins coûteux toutefois que celui qu'offraient les greffiers principaux, car, en 1669, Hubert Bourgeois n'eut à payer que 700 florins pour en être dispensé [1].

Ils devaient fournir à la ville un cautionnement qui en 1615 s'élevait à la somme de 300 florins [2].

Les gages de cet officier étaient à la discrétion du Magistrat. En 1414-1415 Jehan Dausques recevait au 11 mars xi l. iiii s. 6 d. et autant au 11 septembre ; Robert Bacheler en 1418 touchait xl livres en deux termes au 15 avril et au 15 octobre ; Jean de Rhetanne en 1488, et ses successeurs jusqu'en 1631, obtinrent 60 livres payables aussi en deux termes. L'art. 16 de l'ordonnance de Philippe le Bon de 1447 avait déjà constaté que ces gages n'avaient rien de fixe et dépendaient du grand bailli et des mayeur et échevins. En 1500, celle de Philippe le Beau, dans son article xiii, avait de même remis ces gages « à la discrétion de nos dits baillis, maieur et esche- « vins de S¹ Omer » [3]. Plus tard Charles II, roi de Castille et d'Aragon, les fixa définitivement, par or- donnance du 18 janvier 1673, à 299 florins, 18 pa- tars, soit 374 livres 17 sous 6 deniers en argent de France ; en 1769 il recevait 474 livres 17 s. 6 d.

Comme le greffier principal il avait droit aussi à divers émoluments évalués en 1768 à 150 livres.

Les greffiers criminels jouissaient autrefois d'une

1. Cette somme dut être employé à réparer la maison de la scelle.
2. *Reg. aux Délibérations du Magistrat* P, f. 70. Nomination de Robert Haverloix.
3. Pagart d'Hermansart. *Histoire du Bailliage de Saint-Omer*, t. I, p. 255.

maison appelée la *verte maison* à charge de l'entretenir et de payer les rentes la grévant, et d'une
échoppe ou petite boutique sous la chapelle des Miracles, mais on leur enleva ces avantages en aug-
mentant leurs gages.

Ils étaient exempts du guet.

Ils participaient aussi, à certaines époques de
l'année, aux distributions de vin et de cire faites par
la ville [1] et à d'autres avantages en nature, on leur
donnait tous les deux ans une robe pareille à celle
des sergents à verge, mi-partie noire et pourpre [2].
Plus tard ils la portèrent d'une seule couleur et sans
ornement ; enfin ils adoptèrent la robe des avocats
parce qu'on les choisissait parmi ceux-ci.

Ils prêtaient entre les mains des mayeur et échevins le serment suivant :

Vous jurez que l'estat de greffier du crime de cette ville
vous exercerez deubement et fidellement sous les charges
et conditions quy vous ont estés déclarées, par vous en-
tendues et acceptées, et de remettre vos clefs sur le bureau
chacun an la veille des Roys, aux gaiges, honneurs et
émoluments comme dernièrement avoit vottre prédéces-
seur, guarderez et tiendrez secret ce que sera traitté par
Messieurs et ne communicquerez les affaires de la ville
sinon à Messieurs et les officiers de leur chambre, n'est
que charge particulier vous soit donné de les commu-
nicquer à autres, comparoistrez et vous trouverez en
halle, à la scelle, ès assemblées ordinaires, aux heures
accoustumées, mesme aussi aux extraordinaires touttes

1. *Arch. de Saint-Omer*, Comptes de la ville 1436-37.

2. *Arch. de Saint-Omer*, Comptes de la ville 1436-37 : « moitié
noir, moitié vermeil » et *Reg. aux Délibérations du Magistrat* M,
f. 26, année 1589. Il semble qu'auparavant jusqu'au xv* siècle ils re-
cevaient au lieu de robes une aune et demie de drap chaque année
au jour du S* Sacrement.

fois que evocquez y serez, et ferez en effet tout ce qué au dit office appartient. Ainsy vous veuillo Dieu ayder[1].

Plus tard ce serment fut fait devant l'intendant ou son délégué, et à partir de l'arrêt du Conseil du 15 juillet 1768 il eut lieu entre les mains du mayeur.

Ils avaient la dernière place dans les cérémonies publiques.

1. *Arch. de Saint-Omer, Formulaire de serments AB* xxvii *et Bibl. de Saint-Omer, Ms.* 879, p. 208-209.

CHAPITRE II

ATTRIBUTIONS

. Matières criminelles et de police. — Attributions anciennes. — Archives. — Commis du greffe.

Les fonctions de ce greffier consistaient, en matière criminelle, à tenir registre des divers commandements qui se faisaient aux bourgeois, des décrets de prises de corps et des autres affaires criminelles. Il faisait les « appeaux à ban » des criminels, c'est-à-dire qu'il les ajournait à cri public et tenait registre de ces appels. Il avertissait le lieutenant mayeur ou le premier échevin, ainsi que le second conseiller pensionnaire, de la détention des accusés afin que leurs procès pussent être instruits. Il veillait à ce que ces procès fussent promptement jugés et en faisait taxer rapidement les dépens par le lieutenant mayeur et les échevins de semaine. Il intervenait dans les cérémonies du *zoene* ou réconciliation après homicide, il recevait le serment des quatre garants de la paix et dressait l'acte la constatant[1]. Il tenait registre des amendes, des élargissements de

1. Abbé Bled. *Le Zoene ou la Composition pour homicide à Saint-Omer jusqu'au XVII* siècle (*Mém. des Antiq. de la Morinie*, t. XIX, p. 245).

prisonniers, des criées, des ventes d'héritages et des mises de fait ou en possession, des cautions, etc.....

Comme chargé d'attributions de police il enregistrait les ordonnances rendues en cette matière et toutes celles relatives aux corps de métiers, et il était tenu d'en délivrer des copies au mayeur des dix jurés sur des registres que celui-ci remettait à son successeur la veille du jour de l'Epiphànie quand il quittait ses fonctions [1].

Il tenait les registres des audiences du petit auditoire [2], ceux aux statuts et règlements des corps de métiers, ceux aux réceptions à la maîtrise, ceux aux réceptions des bourgeois, les comptes des escauwages des chemins ; il recevait les requêtes pour bâtir des maisons, pour habiter la ville, pour être reçu bourgeois, etc. [3] Il faisait aussi le recensement des troupes de passage, rendait compte de la recette de la contribution des personnes pour les logements militaires [4]. Il tenait note des cires nécessaires à la chapelle échevinale, et lors des processions il veillait à ce qu'il fût délivré aux petits officiers de ville un nombre suffisant de torches ; il réglait également le rang des corps de métiers qui assistaient en robes à ces cérémonies religieuses et qui y portaient des cierges.

Afin d'être à même de remplir ses attributions judiciaires il devait être présent au petit auditoire aux

---

1. Nous avons expliqué dans *Les anciennes Communautés d'Arts et Métiers à Saint-Omer*, t. I, p. 256, les attributions spéciales du mayeur des dix jurés en matière de police.

2. Sur cette juridiction voir *Les anciennes Communautés d'Arts et Métiers à Saint-Omer*, t. I, p. 68 et 69.

3. Voir *Annexe* C le détail des attributions du greffier de police d'après les archives détruites en 1794.

4. *Arch. de Saint-Omer* CCXXXVI.

heures ordinaires d'audience et aux assemblées te-
nues en halle échevinale dès qu'il y était mandé.

On ne sait pas à quelle époque on sépara le greffe
des orphelins de celui du crime [1]. Tant qu'il fut greffier du livre des orphelins il ajoutait à ses attributions les saisines ou werps qu'il expédiait, et les
hypothèques ; il était dépositaire de l'argent des mi-
neurs, et passait les actes les concernant.

Il fut aussi chargé jusqu'au commencement du
xviie siècle d'enregistrer les contrats passés devant
les échevins engendrant hypothèques, et il recevait
encore en 1615 six deniers par contrat [2].

Le greffe criminel et de police contenait une série
de pièces de procédure et de registres qui ont à peu
près tous disparu en 1794 [3]. Il y avait notamment
environ quarante registres contenant les statuts et
ordonnances de police de la ville de Saint-Omer.

En 1756 le greffier Gaillon fut autorisé à prendre
un commis aux dépens de la ville pour classer les
papiers du greffe qui étaient en grand désordre et
faire le répertoire des statuts de police. Il acheva ce
travail après 1765. Pendant ce temps il était devenu
greffier principal en 1761 et avait dû quitter le greffe
en 1764. Son travail consiste en deux volumes in-folio
de 500 pages chacun intitulés : *Table alphabétique et
chronologique des Ordonnances et Règlements politiques de la ville de Saint-Omer*. Les titres ana-
lysés vont de 1402 à 1737. Cet ouvrage est d'autant
plus utile aujourd'hui qu'il n'existe plus que deux

---

1. Voir à la fin de ce travail l'*Annexe* B § 2.
2. *Arch. de Saint-Omer* P, f. 70. Conditions pour Robert Haverloix. Les derniers registres aux hypothèques paraissent être de 1625.
3. Voir *Annexe* C à la fin de ce travail.

de ces registres datant de la fin du xviiie siècle [1].

Le greffier criminel devait avoir un commis qui, ainsi que lui, était tenu de savoir la langue flamande [2]. Il avait le droit de tenir la plume pour recueillir les informations, dresser les procès-verbaux et autres actes criminels, et signait les expéditions. Il ne pouvait exercer à moins d'avoir vingt-cinq ans. Ce commis était si indispensable au greffier criminel qu'en 1757 on accorda à ce dernier 100 livres d'augmentation de gages à condition qu'il aurait un bon commis pour les affaires criminelles [3].

---

1. Voir *Annexe* A, II.
2. « Règlement perdu fait en 1554 pour Jacques de Honvault, greffier du crime, nommé à condition « d'avoir un clercq flamen ».
3. *Reg. aux Délibérations du Magistrat* PP, f. 62.

LISTE

DES

GREFFIERS PRINCIPAUX

» — Jehan MAAS [1].

24 *août* 1311. — Jehan D'ESQUERDES, notaire de l'église de Saint-Omer.

. . . .

— Nicaise CUVELIER [2].

1413-1414. — Jacquemart COPPIN, « clerc de le halle » [3].

15 *septembre* 1415. — Philippe SUS-SAINT-LÉGIER [4], « secrétaire de le ville », « greffier » en 1443, mort lo 9 avril 1448.

17 *août* 1447. — Robert DU VAL [5], « clercq principal de le ville ».

12 *avril* 1448. — Admis définitivement, mort le 1ᵉʳ décembre 1471.

1. *Pièce justificative* I.

2. Mentionné dans un acte de 1413 au greffe du gros comme décédé : « Demoiselle Marguerite le bels vefve de feu maistre Nicaze « Cuvelier en son vivant *clerc de le ville* de Sᵗ Omer ». Il avait été procureur de ville en 1373.

3. Compte des argentiers 1413-1414. Il fut peut-être auparavant clerc du registre criminel.

4. Procureur de ville de 1399 à 1415. Cité en 1432 en qualité de greffier : *Arch. de Saint-Omer* CLXXIII-24.

5. Procureur de ville de 1437 à 1447, exerça pendant cette dernière année la charge de greffier à la place de Philippe de Sus-Saint-Légier, malade, et en vertu de sa procuration ; puis il fut définitivement pourvu de l'office après sa mort (*Reg. aux Délibérations du Magistrat* C, f. 3 rᵒ).

1472. — Pierre DE LE NESSE, ancien clerc du registre criminel [1].

1487. — Pierre DE SAINT-AMAND, ancien clerc du registre criminel.

1488. — Jean DARTHÉ [2], clerc de la ville.

15 *janvier* 1489. — Mathieu DU VAL [3], clerc de la ville, mort en exercice.

19 *avril* 1516. — Jacques LE CHEVALIER, greffier principal.

15 *juin* 1544. — Pierre SALOMÉ ou DE SALOMEZ, greffier principal, mort en exercice.

22 *septembre* 1550. — Mathieu MATHON, mort en mai 1565.

8 *juin* 1565. — Jehan DE BRANDT, destitué en janvier 1578 par les Sinoguets.

7 *janvier* 1578. — Louis BERNIERS, greffier du bailliage, destitué en juin 1579.

22 *juin* 1579. — Jehan DE BRANDT, licencié es-drois, rétabli, se démit le 22 mars 1585 [4].

22 *mars* 1585. — Mathieu DE VARGELOT [5], démissionna en novembre 1614, décédé le 4 décembre 1614.

5 *décembre* 1614. — Gaspard DE BALINGHEM [6], greffier du bailliage. Cautions : Michel Balinghem, son fils et Antoinette Balinghem, veuve de Michel Breton, sa sœur. Décédé en mai 1636 [7].

1. Avait été auparavant en 1447 procureur de ville.
2. Comptes des argentiers 1488-89.
3. Il avait été procureur général de la ville en 1477.
4. *Reg. aux Délibérations du Magistrat* L, f. 143.
5. *Reg. aux Délibérations du Magistrat* L, f. 143. — En tête de ce registre se trouve une liste des greffiers depuis Mathieu de Vargelot jusqu'à Pierre-Jacques Gaillon en 1761. — Il figure comme âgé de 68 ans dans la coutume de 1612.
6. *Reg. aux Délibérations du Magistrat* P, f. 33 et suivants.
7. *Ms. 809 d'Haffrenghes*, t. I, p. 219 v° (*Bibliothèque de Saint-Omer*).

13 *mai* 1636. — Charles DESMONS, ancien échevin.

13 *mars* 1669. — Jacques MAES [1]. Il obtint la survivance de la charge pour en jouir après le décès de Desmons âgé de 75 ans. Mort le 6 novembre 1680.

15 *novembre* 1680. — Jacques CARDOCQ, auparavant substitut du procureur général d'Artois.

17 *septembre* 1693. — Guillaume-François LE COIGNE, démissionna en faveur de son frère.

23 *mars* 1705. — Henri LE COINGNE, agréé par l'intendant, mort en avril 1724.

15 *avril* 1724 [2]. — Alexis-Joseph LE COINGNE, fils de Guillaume et neveu d'Henri, mort en exercice.

29 *juillet* 1749 [3]. — Antoine-François CRÉPIN, procureur de ville, ancien conseiller au bailliage, démissionna en faveur de son neveu Gaillon.

7 *juillet* 1761. — Pierre-Jacques GAILLON, avocat, greffier criminel. Confirmé par l'intendant le 12.

8 *novembre* 1764. — Jacques-Joseph DUFOUR, secrétaire greffier [4].

31 *octobre* 1765. — Réélu.

31 *octobre* 1766. — Réélu, élection annulée.

9 *novembre* 1767. — Réélu.

31 *octobre* 1768. — Pierre-Jacques GAILLON, avocat, greffier pour 3 ans.

22 *décembre* 1768. — Maintenu [5].

1790. — Jean-François DUBRŒUCQ, avocat, secrétaire greffier.

---

1. *Reg. aux Délibérations du Magistrat* EE, f. 90 v°. Les charges et conditions qui lui furent imposées forment un règlement en 20 articles (EE, fᵒˢ 91 à 93). — Serment du 1ᵉʳ avril 1669.

2. Confirmé par l'intendant, il prêta serment le 24 avril.

3. Confirmé par l'intendant, il prêta serment le 30.

4. Réunion des trois greffes de la ville : principal, du crime et des orphelins. Il fut élu par 17 voix.

5. Lors du rétablissement des trois greffes de la ville.

LISTE

DES

GREFFIERS CRIMINELS

11 *septembre* 1415. — Jehan Dausques, mort le 6 avril 1418[1].

15 *avril* 1418. — Robert Bachelers, clerc criminel, ancien clerc de l'argenterie.

1439. — Nicaise Vallebrun, clerc criminel[2], mort le 2 juin 1457.

2 *juin* 1457. — Pierre de Le Nesse[3], ancien procureur de ville, devint clerc principal.

1472. — Jehan Lamoral.

1477. — Jehan Le Caron, ancien procureur général de la ville.

31 *janvier* 1484. — Gille Stopin, greffier des finances du duc de Bourgogne, démissionna.

18 ou 28 *juillet* 1485. — Pierre de Saint-Amand[4], devint clerc principal.

1488. — Jehan de Rhetanne, démissionna le 15 novembre 1502 pour cause de maladie.

15 *novembre* 1502. — Pierre Bultel, nommé pour la vie, démissionna à cause de son grand âge et de ses infirmités en faveur du suivant.

13 *mars* 1516. — Pierre Le Boullangier, démis-

---

1. D'après le compte des argentiers de 1417-1418.
2. Compte des argentiers 1439-1440.
3. *Reg. aux Délibérations du Magistrat* C, f. 49 v°.
4. Recommandé par Louis le Vasseur dit le Mire, conseiller second.

sionna à cause de son grand âge et proposa pour le remplacer Guillaume de Croix.

30 *juillet* 1544. — Guillaume DE CROIX, admis provisoirement à condition que Pierre Le Boullangier l'instruirait pendant un an [1].

30 *octobre* 1544. — Admis définitivement [2], mort en janvier 1554.

9 *janvier* 1554. — Jacques DE HONVAULT, mort le 14 septembre 1561.

15 *septembre* 1561. — Jean DE BRANDT, devint greffier principal.

8 *juin* 1565. — George NONNARD, clerc du caître, démissionna en faveur de son fils.

19 *novembre* 1585. — Georges NONNARD, fils du précédent [3].

20 *septembre* 1599. — Jacques DE JOURNY [4], procureur à la cour du bailliage.

10 *octobre* 1615. — Robert HAVERLOIX [5], mort en juillet 1650.

11 *juillet* 1650. — Jacques MAËS, élu greffier principal le 13 mars 1669, à titre de survivance.

13 *mars* 1669. — Hubert BOURGEOIS, clerc du greffe principal, pourvu à titre de survivance [6].

28 *novembre* 1674. — Eustache-Joseph HANNON [7], clerc du greffe principal, reçu en survivance « lors

1. *Reg. aux Délibérations du Magistrat* H, f. 3.
2.   *Id.*   H, f. 12 v°.
3. *Reg. aux Délibérations du Magistrat* L, f. 167 v°.
4. *Reg. aux Délibérations du Magistrat* M, f. 276 v°. Il est mentionné comme âgé de 47 ans dans la coutume de 1612.
5. *Reg. aux Délibérations du Magistrat* P, f. 71 v°.
6. *Reg. aux Délibérations du Magistrat* EE, f. 90 v° pour entrer en jouissance lorsque Jacques Maes entrera en possession du greffe principal. Les charges et conditions qui lui furent imposées forment un règlement en 25 articles (EE, f°° 93 v° à 96). — Serment du 1er avril.
7. *Reg. aux Délibérations du Magistrat* FF, f. 80 v°.

« que Hubert Bourgeois, viendrait à décéder »,

3 *septembre* 1694. — Jehan Drincqbier, commis à la chambre des orphelins, démissionna en faveur de son fils.

5 *mars* 1714. — Louis-Joseph Drincqbier, greffier du crime et de police, décédé en exercice.

1er *juin* 1753. — Pierre-Jacques Gaillon [1], avocat et échevin, greffier principal en 1761.

7 *juillet* 1761. — François-Joseph Crépin [2], échevin, quitta ses fonctions en 1764 par suite de la réunion momentanée des 2 greffes.

31 *octobre* et 22 *décembre* 1768 [3]. — Charles-Marie-Louis Drincqbier, avocat, nommé pour 3 ans.

1. *Reg. aux Délibérations du Magistrat* PP, f. 23 r°.

2. *Reg. aux Délibérations du Magistrat* PP, f. 94 v° fut révoqué comme les autres officiers du bureau dans l'assemblée du 8 novembre 1764.

3. Rétablissement des trois greffiers de la ville : principal, du crime et des orphelins dans une assemblée de notables tenue spécialement pour cet objet ; la délibération du 31 octobre avait été annulée.

PIÈCES JUSTIFICATIVES

I

24 août 1361

Commission de clerc civil donnée à Jehan d'Esquerdes.

Lan de grâce mil ccc soixante et un le xxiiij jour
daoust, jour de Saint-Berthelemieu, fu retenus à le pension et au conseil de le ville pour exercer loffice de clerg,
sire Jehan Desquerdes . . . . . [1], que maistre Jehan
Maas le avoit exercé ; et fist le dit Jehan son sermeut
en le cambre par devers messieurs maieurs et esquevins
de exercer le dit office bien et loialment à son povoir,
excepté tous cas criminels ou de escrire lettres touchant
sanc, et qu'il ne seroit meut contre léglise de Saint
Aumer, ne avec léglise contre le ville.

> *(Archives de Saint-Omer. Reg. au renouvellement
> de la Loy* C, f. xxi r°.)

II

Son serment

Juramentum Johannes de Esquerdes.

Se il plaist à ses très révérens singneurs maieurs et
eschevins de le ville de Saint-Aumer, Jehan Desquerdes
les servira loialment et diligamment en office de clerc

---

1. Partie usée et devenue illisible.

en toutes causes touchans eaulx et le ville et contre tous,
excepté tant seulement léglise de Saint-Aumer là où il a
esté nori et notaire louté sa vie, contre lequelle, ne pour
eaulx de léglise contre ses dis singneurs de le ville, il
ne vauroit estre en aucune manière.

Item, il ne porroit ne vauroit estre à nul cas criminel,
ne present là où on y en jugeroit, ne escrire lettres ne
responses touchans sanc, ne là où seroit mandement ou
deffense sour paine capitale, ne ensement faire appella-
tion, instructions ou procuration contre personnes qui
se diroient clers, les quels li doyens scelleroit, se il de-
voient estre mis à exécution tant qu'il seroient en vie,
car il encourroit irrégularité, ne ne vauroit faire ensement cose là se conscience porroit estre blechié, qu'il
ne peust à le fois dire messe et célébrer à se devocion
bien . . . . . [1] avant que on tenoit halle.

En tout autres causes civiles, tant seulement comme
de faire lettres et reponses, tenir en mémoire ce que
seroit traitié ou aterminé en halle, à ramentevoir ce
besoins estoit ce que li aroit balié, à prendre warde as
procés et as autres causes ainsi que on li aroit enjoint,
il se offre prest et appareillié à le faire à son petit pooir
et pour ce peu de sens que dieux li a donné.

Parmy ce que on li pourveist de pension compétente
et considéré qu'il pérderoit tous les pourfis de ses béné-
fices et tous les gratuitez de son office de notaire car à
niens il ne porroit entendre fors que à le dit service.

    (Archives de Saint-Omer. Reg. au renouvellement
      de la Loy C, f. xx v° en face de l'acte ci-dessus,
      sur la page précédente.)

----

1. Partie usée et devenue illisible.

ANNEXES

A

I. — Registres tenus par le greffier principal existant encore aux Archives municipales de Saint-Omer[1].

§ 1. — *Registres au renouvellement de la Loy* (10).

Sans cote	de 1309 à 1316	environ 149 feuillets.
E gothique	1313 à 1319.	
F id.	1319 à 1324.	
A moderne	1325 à 1330.	
G id.	1321 à 1340.	
E id.	1341 à 1354.	
C id.	1355 à 1375.	
H id.	1376 à 1413.	
K id.	1478 à 1589.	
L id.	1590 à 1717.	

§ 2. — *Registres aux Délibérations du Magistrat* (19)[2].

B	avril 1448 à 1472.	
C	1447 à 1472.	
H	20 juin 1544 à 1548.	
L	1581 à 1588.	
M	1588 à 1601.	
N	1601 à 1607.	

1. En 1868, M. Giry avait donné le titre des 4 séries qui suivent sans les détailler (*Bibl. de l'Ecole des Chartes*, 29ᵉ année, 6ᵉ série, t. IV, 2ᵉ livraison, p. 179).

2. Il a été dressé une table de ces délibérations (Voir ci-dessus p. 40). — D'après M. l'abbé Bled il manque 21 de ces registres dont 2 n'existaient plus déjà au moment de la rédaction de la table.

P	1611 à 1620.
Q	1621 à 1626.
V	1638 à 1641.
W	1642 à 1643.
X	1644 à 1646.
Y	1647 à 1649.
Z	1650 à 1651.
BB	1655 à 1656.
CC	1657 à 1658.
EE	1665 à 1672.
FF	1673 à 1677.
Lacune jusqu'en	1750.
PP	1750 à 1765.
Sans cote	1765 à 1788.

§ 3. — *Délibérations des Notables* (2).

A	1765 à 1766.
B	1767 à 1781.

§ 4. — *Registres aux Plaids de l'Echevinage* (25).

1414 à 1415.
1422 à 1424.
1427 à 1439.
1430 à 1431.
1436 à 1437.
1441 à 1442,
1443 à 1445.
1447 à 1449.
1450 à 1451.
1451 à 1453.
1454 à 1455.
1457 à 1458.
1460 à 1462.
1462 à 1464.
1464 à 1465.
1466 à 1467.
1467 à 1469.

1470 à 1472.
1472 à 1473.
1518 à 1522.
1522 à 1525.
1528 à 1534.
1538 à 1540.
1544 à 1545.
1546 à 1548.

**II. — Registres tenus par le greffier criminel
et de police.**

§ 1. — *Registres aux Status et Ordonnances* [1]
de police (2).

L   1693 à 1713.
N   1754 à 1787.

B

§ 1. — *Registres du Siège échevinal transportés
aux Archives départementales en 1889* [1].

1 reg.	Contrats de mariage	1695 à 1709.
15 —	Testaments (lacunes)	1486 à 1751.
5 —	Séparations, interdictions	1717 à 1790.
4 —	Curatelles, décrets de testam[ts]	1639 à 1749.
8 —	Saisines, hypothèques	1615 à 1689.
25 —	Causes nouvelles et vieilles	1609 à 1787.
10 —	Audiences	1687 à 1790.
58 —	Sentences	1489 à 1790.
2 —	Cautionnements	1750 à 1790.
2 —	Distributions	1718 à 1763.
1 —	Ecrous	1762 à 1791.

131

1. Il existe une table alphabétique et chronologique de ces statuts
(Voir ci-dessus p. 55).

2. Il semble qu'il y a un certain nombre de ces registres qui

§ 2. — *Chambre des Orphelins de Saint-Omer
dont à l'origine le greffier fut le greffier principal.*

1 reg.	Biens	1295.
6 —	Tutelles	1724 à 1790,
1 —	Hypothèques	1782 à 1785.
2 —	Répertoire des hypothèques	1720 à l'an II.
1 —	Dépôts au coffre	1759 à 1777.
1 —	Présentations	1731 à 1747.
2 —	Audiences	1708 à 1745.
1 —	Sentences	1728 à 1739.
3 —	Curatelles, émancipations	1740 à 1790.

18

C

*Etat des Archives des greffes criminel et de police
de Saint-Omer en 1794.*

En 1794 un commissaire délégué par le Conseil général de la commune lui remit la liste des papiers existant dans les greffes, et le 22 messidor an II (10 juin
1794), le Conseil, considérant que toutes ces archives
devaient être déplacées et qu'un grand nombre d'entre
elles n'étaient bonnes qu'à faire des cartouches, prit la
résolution suivante :

« DANS LE GREFFE DE POLICE ; *à envoyer :* les registres
de 1416 jusqu'à 1789, registres aux hypothèques de 1610
à 1625, ceux aux distributions de deniers depuis l'an
1740, ceux et liasses de prisées de grains, liasses de
comptes de régie et ventes forcées depuis 1740, liasse
des procès-verbaux des ventes par décret.

» *A conserver jusqu'à rembours :* les liasses des ventes
d'offices des mesureurs, brouetteurs, etc.

appartenaient plutôt aux Archives municipales qu'à celles du greffe,
et que la ville pourrait en demander la réintégration dans ses archives.

» *A déposer au bureau des actes civils :* les procès-verbaux modernes des publications de mariages et d'enterremens d'hollandais et anglais.

» *A déposer au bureau de police et de sûreté générale :* nombre d'exemplaires imprimés sur différens réglemens pour les corps de métiers.

» Dans le dit greffe de police ; *à envoyer à l'arsenal pour faire des cartouches :* les registres des audiences du petit auditoire, ceux aux statuts et règlemens des corps de métiers, ceux aux réceptions des bourgeois, ceux aux réceptions à maîtrise, les anciens comptes des escâuwages des chemins, liasses d'enquêtes sommaires, liasse des requêtes et plaicts pour bâtir maisons, liasses de requête pour habiter la ville, idem pour être reçu bourgeois, liasses d'arrêts et ordonnances des ci-devant rois.

» Dans le greffe pour le crime ; *à envoyer à l'arsenal :* les anciens procès criminels de différens siècles, ceux des dernières années ayant été remis au tribunal[1].

---

1. Nous avons déjà donné une partie de ces renseignements dans une *Note* qui a été insérée en 1883 dans le *Bulletin historique des Antiquaires de la Morinie,* t. VII, p. 192 à 194, 126ᵉ livraison, mais comme elle est peu connue parce qu'elle figure dans le corps d'un procès-verbal d'une des séances des Antiquaires et qu'elle n'a point été tirée à part, nous avons cru utile de la reproduire en partie pour réunir tous les renseignements sur les anciennes archives des greffes.

ERRATA

Page 13, note 2, ligne 2, supprimer l'article : *le*.
Page 16, note 2, ligne 3, supprimer le mot : *art*.
Page 17, ligne 10, supprimer la virgule.
Page 18, ligne 22, supprimer la virgule.
Page 28, ligne 15, après : France ajouter : *et d'Angleterre.*
Page 35, ligne 25, supprimer la virgule.
Page 38, ligne 4, au lieu de : *verges* lisez : *verges*

TABLE DES MATIÈRES

LIVRE I

LE GREFFIER PRINCIPAL

CHAPITRE I

CHAPITRE II

Attributions.

CHAPITRE III

LIVRE II

LE GREFFIER CRIMINEL & DE POLICE

CHAPITRE I

CHAPITRE II

Attributions.

PIÈCES JUSTIFICATIVES

ANNEXES